"互联网+"新形态一体化系列丛书

会计信息化实务

主　编　张立新　隋玉亮　丁兆金
副主编　吴晓静　娄逸群

版权专有　侵权必究

图书在版编目(CIP)数据

会计信息化实务 / 张立新，隋玉亮，丁兆金主编. -- 北京：北京理工大学出版社，2022.10
ISBN 978-7-5763-1806-7

Ⅰ. ①会… Ⅱ. ①张… ②隋… ③丁… Ⅲ. ①会计信息-财务管理系统-中等专业学校-教材 Ⅳ. ①F232

中国版本图书馆CIP数据核字(2022)第201753号

出版发行 / 北京理工大学出版社有限责任公司	
社　　址 / 北京市海淀区中关村南大街5号	
邮　　编 / 100081	
电　　话 / (010)68914775(总编室)	
(010)82562903(教材售后服务热线)	
(010)68944723(其他图书服务热线)	
网　　址 / http://www.bitpress.com.cn	
经　　销 / 全国各地新华书店	
印　　刷 / 定州市新华印刷有限公司	
开　　本 / 889毫米×1194毫米　1/16	
印　　张 / 13	责任编辑 / 王晓莉
字　　数 / 247千字	文案编辑 / 王晓莉
版　　次 / 2022年10月第1版　2022年10月第1次印刷	责任校对 / 刘亚男
定　　价 / 40.00元	责任印制 / 边心超

图书出现印装质量问题，请拨打售后服务热线，本社负责调换

前言
PREFACE

《会计信息化实务》教材以落实立德树人为根本任务，根据专业培养目标，结合企业会计岗位的工作实际，在财务云智能技术应用大背景下，坚持德技并修，对接企业会计岗位需求，灵活并科学设置内容，在教材中融入劳动精神、法规意识，通过产教融合、校企合作，强化创新思维和精益求精的工匠精神，促进学生"诚信为本、操守为重、遵循准则、不做假账"的专业品格的养成，培养适应现代智能型财务工作需要的技术技能型人才。

《会计信息化实务》教材依托畅捷通教育云平台，围绕企业的典型业务，本教材以某企业一个月的经济业务为例，重点讲解并演示初始设置模块、总账模块、工资管理模块、购销存模块和财务报表模块的操作过程。本教材具有以下特点：一是以一个完整的案例贯穿始终。根据学生的学习特点，将整个案例的业务内容按照模块进行划分。每个模块设定为项目，每个项目下面设定为若干任务；二是各模块业务内容前后联系，操作过程内容详尽，每个任务和课后练习均配有二维码，便于广大学员扫码学习；三是案例内容符合企业实际，操作流程和步骤完整、真实。

本教材根据《财政部 国家税务总局关于全面推开营业税改征增值税试点的通知》（财税〔2016〕36 号）、《财政部关于增值税会计处理的规定》（财会〔2016〕22 号）、《财政部 税务总局关于调整增值税税率的通知》（财税〔2018〕32 号）等相关文件和最新修订的小企业会计准则进行内容更新。

本教材由山东省潍坊商业学校张立新、隋玉亮以及临沂市高级财经学校丁兆金担任主编，山东省潍坊商业学校吴晓静、娄逸群担任副主编，山东省经贸学院高晓华参与编写，畅捷通信息技术股份有限公司蔡明辉给予了指导和技术支持。本教材是中职财经类专业核心课程教材，既可作为中职财经类学生学习用书，也可作为中职财经类学生参加技能大赛和春季高考的参考用书，还可为企业在职会计人员参加培训和继续教育提供帮助。由于编写时间仓促，编者水平有限，书中不妥之处，恳请广大读者和专家批评指正。

目 录 CONTENTS

相关说明 ·· 1

项目一　系统初始化 ·· 3

任务1　建立、备份、删除和恢复账套 ·· 3
任务2　基础设置 ·· 13
任务3　录入期初余额 ·· 33
任务4　自定义转账设置 ··· 43

项目二　总账业务处理 ·· 48

任务1　填制凭证 ·· 48
任务2　出纳签字 ·· 66
任务3　审核凭证 ·· 69
任务4　查询科目发生额及余额 ·· 71
任务5　记账 ·· 72

项目三　工资和固定资产管理 ·· 79

任务1　工资管理系统初始设置 ·· 79
任务2　工资管理系统业务处理 ·· 96

任务3 固定资产管理系统初始设置 ································· 109
  任务4 固定资产管理系统业务处理 ································· 120

项目四 购销存管理 ································· 126
  任务1 购销存初始设置 ································· 127
  任务2 购销存期初数据录入 ································· 132
  任务3 采购业务处理 ································· 147
  任务4 销售业务处理 ································· 160
  任务5 库存核算业务处理 ································· 168

项目五 月末处理 ································· 183
  任务1 期末业务处理 ································· 183
  任务2 对账与结账 ································· 191

项目六 财务报表 ································· 196
  任务1 编制资产负债表 ································· 198
  任务2 编制利润表 ································· 199

相关说明

本书依托畅捷通教育云平台，围绕嘉虹有限责任公司的生产经营过程展开，以该企业一个月的经济业务为范本，重点讲解并演示初始设置、总账、固定资产和工资管理以及购销存管理、财务报表等模块的操作过程。该企业有关资料及公司财务制度说明如下：

有关资料：

（1）公司名称：嘉虹有限责任公司。

（2）性质：经税务局认定为增值税一般纳税人，执行2013年《小企业会计准则》和《会计基础工作规范》。

（3）纳税人识别号：91M973502388。

（4）地址及电话：南京市华奇路815号 71759727。

（5）开户行及账号：中国工商银行和平路支行 0712895138305154070。

（6）主要产品：塑胶玩具、宠物玩具、玩具乐器。

（7）生产组织与工艺流程：

公司设一个生产车间，生产车间单步骤大量生产塑胶玩具、宠物玩具、玩具乐器三种产品。需要的原材料主要是铝板、聚乙烯塑料、聚苯乙烯塑料、泡沫塑料、玻璃、黏合剂、树脂胶、甲苯和复合材料。

主要会计政策及相关操作说明：

（1）公司为增值税一般纳税人，不属于可以享受固定资产加速折旧企业所得税政策的行业。在软件中选择2013小企业会计准则，选择行业为工业。

（2）员工出差报销业务中住宿费发票和车票均实报实销，只允许乘坐高铁二等座，分配率保留2位小数。

（3）存货按实际成本核算，分配率由系统默认处理，产成品库按月末一次加权平均法计算。

（4）产品成本计算采用品种法，设置直接材料、直接人工、制造费用三个成本项目。其中：

①原材料在生产开始时一次性投入，将材料用于非生产产品用途的，其成本按照期初材料单位成本核算。

②工资及五险一金分配采用生产车间人员类别进行设置。五险一金的承担和计提比例如下：企业承担部分为养老保险金12%，医疗保险金8%，失业保险金1%，工伤保险金0.8%，生育保险金0.8%，住房公积金6%，职工教育经费按照实际发生额列支，期末按照比例进行分摊（分配率均保留4位小数，尾差计入管理费用）；个人承担部分为养老保险金8%，医疗保险金5%，失业保险金2%，住房公积金6%，工会经费0.05%。

③制造费用按生产工时在塑胶玩具、宠物玩具和玩具乐器三种产品之间分配（如有尾差，计入玩具乐器）。塑胶玩具、宠物玩具和玩具乐器月末全部完工，期末无在产品。

（5）固定资产不包括研发用固定资产。固定资产折旧采用年限平均法（一）或工作量法，正在建设中的工程为二厂房，本月底尚未竣工。

（6）企业适用的增值税税率为13%，企业取得的增值税专用发票均已于当天在增值税发票选择确认平台勾选确认，会计处理时各期确认的应交税费——应交增值税（进项税额）应当与当期增值税纳税申报表保持口径一致。城市维护建设税税率7%，教育费附加征收率3%，地方教育费附加征收率1%。

（7）企业所得税税率为25%，按本月实际利润额计算预缴本月企业所得税，年末汇算清缴，截止到2020年12月31日，以前各年度应纳税所得额均大于零，2021年度1—6月会计利润总额均大于零，不存在不征税收入、免税收入、减免所得税额，且截止到2021年6月30日无欠缴及多缴所得税情况。

（8）往来单位核算科目只能使用唯一科目，即使用双重性质的科目，其科目根据业务的合理性来判断确定。

（9）涉及待抵扣进项税额的经济业务，编制一张复合记账凭证，各子系统生成的凭证，如无特殊规定，其科目方向一般不允许改变，可采用一定的方法增加业务中必须的科目及金额。

（10）现金折扣的计算均按照不含税销售价格，涉及销货与购货退回和销售折让的做红字分录，涉及销售退回的同时结转成本。若题目有销售单则要求填制销售发货单，从发货单起完成全部的业务手续。

（11）抵扣联、购销合同不作为原始单据核算。

（12）其他均按照系统默认设置。

项目一

系统初始化

技能目标

1. 学会建立账套、备份账套、删除账套、恢复账套;
2. 能熟练增加操作员及设置操作员权限;
3. 能熟练进行账套初始化设置;
4. 学会增加、修改会计科目以及进行科目辅助核算的设置;
5. 能熟练录入期初余额,并进行试算平衡;
6. 培养学生认真钻研、一丝不苟的学习态度。

任务 1 建立、备份、删除和恢复账套

账套是一套完整的账簿体系,只要独立核算的单位都可建立一个核算账套。即在企业管理系统中可以为多个企业(或企业内多个独立核算的部门)分别立账,且各账套数据之间相互独立,互不影响,可以在最大限度上利用资源。

账套管理功能一般包括建立账套、备份账套、删除账套、恢复账套。

【知识准备】

系统管理员有权进行账套的建立。建立账套的内容包括账套信息、单位信息、核算类型、基础信息、编码方案、数据精度和系统启用七部分。

1. 账套信息

账套信息包括账套号、账套名称、账套启用日期及账套路径。

账套号是区分不同账套数据的唯一标识。

账套名称一般用来描述账套的基本特性。

账套启用日期用于规定该企业用会计软件进行业务处理的起点，启用日期在第一次初始设置时设定，一旦启用不可更改。

账套路径用来指明账套在计算机系统中的储存位置。

2. 单位信息

单位信息包括单位名称、单位简称、地址、邮政编码、法人、通信方式等。以上信息中单位名称是必须项，其余各项可以选填。

3. 核算类型

核算类型包括记账本位币、企业类型、行业性质等。

记账本位币是企业必须明确指定的，通常系统默认为人民币。

企业类型是区分不同企业业务类型的必要信息。

行业性质表明企业所执行的会计准则，决定企业使用的一级会计科目。

4. 基础信息

基础信息包括是否进行客户、供应商和存货分类，是否有外币核算。

5. 编码方案

企业使用的各类基础档案，通常需要编码。编码方案又叫编码规则，包括级次和级长两部分。级次是指编码共分几级，级长是指每级编码的数字位数。

6. 数据精度

定义数据的保留小数位数。

7. 系统启用

确定系统中各模块的启用日期。

任务 1.1　建立账套

【任务描述】

账套号：505

账套名称：嘉虹有限责任公司

启用会计期：2021 年 7 月

单位名称：嘉虹有限责任公司

简称：嘉虹公司

任务1.1

本币代码：RMB

本币名称：人民币

企业类型：工业

行业性质：小企业会计准则（2013年）

存货是否分类：是

客户是否分类：否

供应商是否分类：否

有无外币核算：无

科目编码级次：4-2-2-2

部门编码级次：1

结算方式编码级次：1-2

其余按照默认设置

启用模块：购销存管理 固定资产 总账 核算 工资管理

启用时间：2021.7

【操作步骤】

打开网址 http：//exam.chanjet.com，进入畅捷教育云平台，学员登录，创建练习。

（1）双击【系统管理】。

（2）执行"系统"—"注册"命令，打开"注册【控制台】"对话框。

（3）输入用户名"admin"，系统默认管理员密码为空，如图1-1所示。

图1-1

(4) 在"系统管理"窗口，执行"账套"—"建立"命令，打开"添加账套"对话框。

(5) 输入账套信息，如图1-2所示。

图 1-2

(6) 单击"下一步"按钮，进行单位信息设置，如图1-3所示。

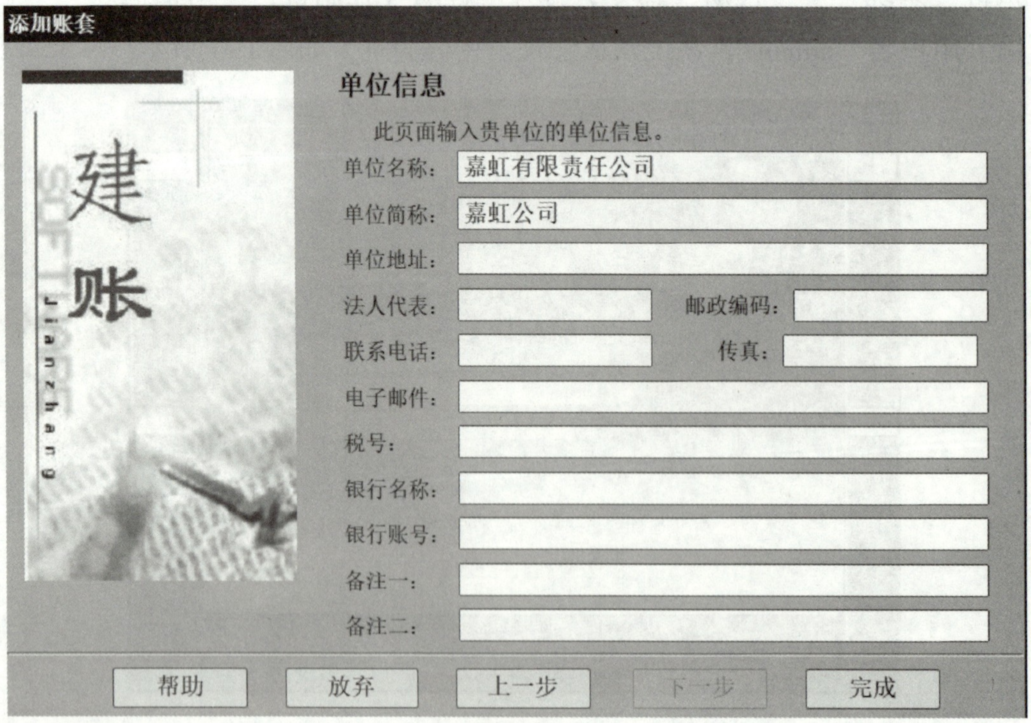

图 1-3

（7）单击"下一步"按钮，进行核算类型设置，如图 1-4 所示。

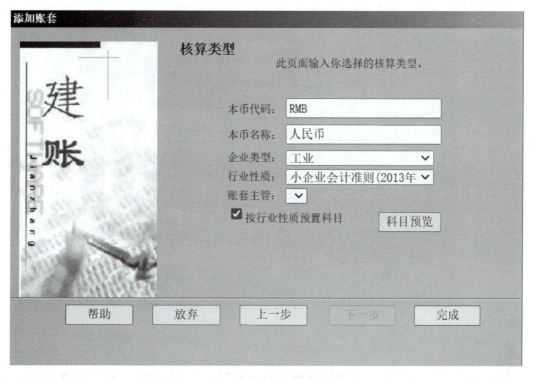

图 1-4

（8）单击"下一步"按钮，进行基础信息设置，如图 1-5 所示。

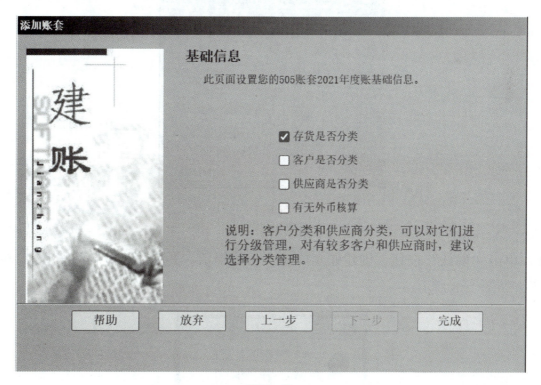

图 1-5

（9）单击“完成”按钮，进行编码级次设置，如图 1-6 所示。

项目	最大级数	最大长度	单级最大长度	是否分类	第1级	第2级	第3级	第4级	第5级	第6级	第7级	第8级	第9级
科目编码级次	9	15	9	是	4	2	2	2					
客户分类编码级次	5	12	9	否	2								
部门编码级次	5	12	9	是	1								
地区分类编码级次	5	12	9	是	2	3	4						
存货分类编码级次	8	12	9	是	2								
货位编码级次	8	20	9	是	1	1	1	1	1	1	1	1	
收发类别编码级次	3	5	5	是	1	1	1						
结算方式编码级次	2	3	3	是	1	2							
供应商分类编码级次	5	12	9	否	2								

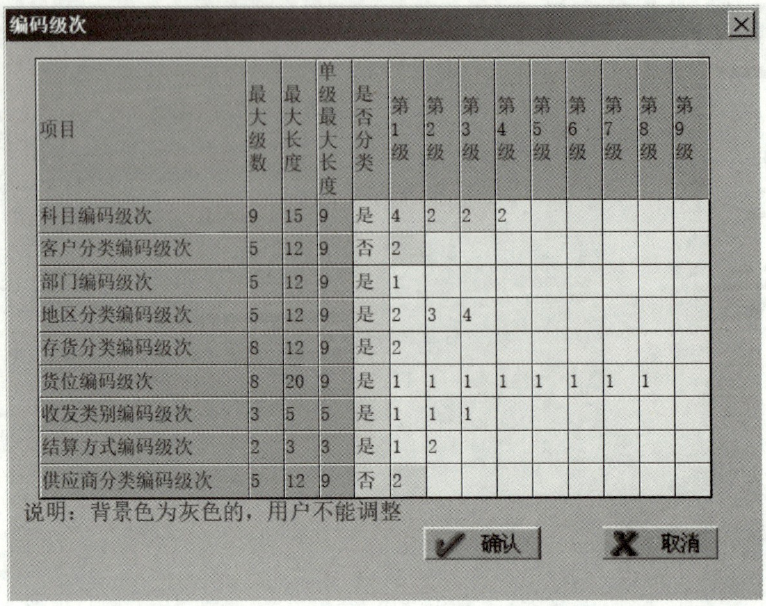

图 1-6

（10）单击“确认”按钮，打开“数据精准度定义”对话框，所有小数位数均设置为 2 位，如图 1-7 所示。

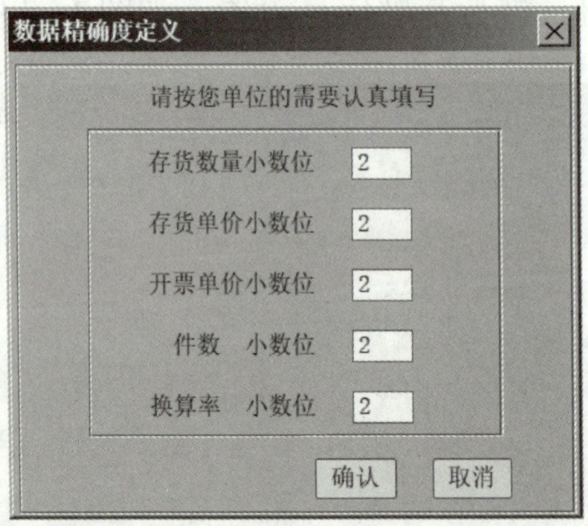

图 1-7

（11）单击“确认”按钮，创建账套成功，系统提示：“是否立即启用账套?”单击“确定”按钮，如图 1-8 所示。

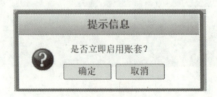

图 1-8

（12）启用总账、工资管理、固定资产、购销存管理、核算模块，启用日期为"2021年7月1日"，启用完成，单击"退出"按钮，如图1-9所示。

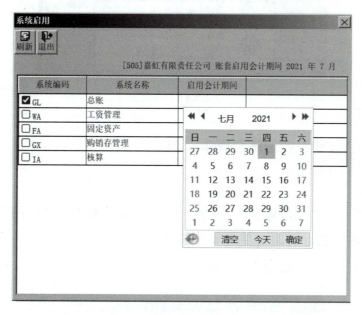

图1-9

【知识准备】

账套备份是将系统产生的数据备份到本地硬盘或其他存储介质，也叫账套输出，只有系统管理员有权备份账套。

账套删除是将系统内的已存账套从系统内进行删除。

恢复账套也叫引入账套，是指将系统外某账套数据引入本系统中。通过备份账套备份的账套数据，必须通过恢复账套功能录入系统后才能使用。只有系统管理员有权恢复账套。

任务1.2　账套的备份、删除与恢复

【任务描述】

（1）将505账套数据备份到默认文件夹；

（2）将系统内505账套删除；

（3）从默认文件夹下恢复505账套数据到系统中。

任务1.2

【操作步骤】

1. 备份账套

（1）执行"账套"—"备份"命令，打开"备份账套"对话框。

（2）选择"［505］嘉虹有限责任公司"账套。

(3) 单击"备份导出"按钮，然后单击"确定"按钮，如图1-10所示。

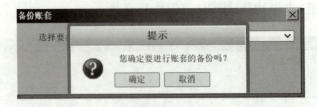

图1-10

(4) 单击"完成"按钮，备份账套成功。

2. 删除账套

(1) 执行"账套"—"删除账套"命令，打开"清空账套"对话框。
(2) 选择"［505］嘉虹有限责任公司"账套。
(3) 单击"确认"按钮，如图1-11所示。

图1-11

3. 恢复账套

(1) 执行"账套"—"恢复"命令，打开"恢复账套"对话框。
(2) 选择要恢复的账套，单击"导入"按钮，如图1-12所示。

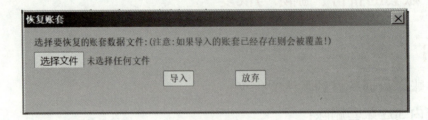

图1-12

【知识准备】

操作员是指有权登录系统并对系统进行操作的人员。操作企业会计信息化软件时，需先明确指定各系统授权的操作人员，并对操作人员的使用权限进行明确规定，从而保证整个系统和会计数据的安全性和保密性。

操作员管理包括操作员的增加、修改和删除,必须以系统管理员的身份进行设置,账套主管不能设置操作员。

权限设置就是对允许登录系统的操作员规定操作权限,严禁越权操作的行为发生。在账套内,账套主管默认拥有全部操作权限,可以针对本账套的操作员进行权限设置。一个账套可以设置多个账套主管,账套主管自动拥有所在模块的所有操作权限。

任务 1.3　增加操作员及权限

【任务描述】

操作员及权限表如表 1-1 所示。

表 1-1　操作员及权限表

编号	姓名	权限
101	朱博	账套主管
102	薛红梅	公用目录设置 库存管理 采购管理 销售管理 应付管理 应收管理 工资管理 固定资产
103	吴东亮	现金管理 出纳签字 查询凭证 日记账查询和打印

【操作步骤】

1. 增加操作员

(1) 在"系统管理"窗口,执行"权限"—"操作员"命令,进入"操作员"窗口。

(2) 单击"增加"按钮,打开"增加操作员"对话框。

(3) 依次添加操作员,全部完成后,单击"退出"按钮,如图 1-13 所示。

图 1-13

2. 设置权限

(1) 在"系统管理"窗口，执行"权限"—"权限"命令，进入"权限"窗口。

(2) 设置操作员"101 朱博"的权限为账套主管权限：选择账套为"[505]嘉虹有限责任公司"，年度为"2021"，勾选"账套主管"选项，单击"确定"按钮，如图1-14所示。

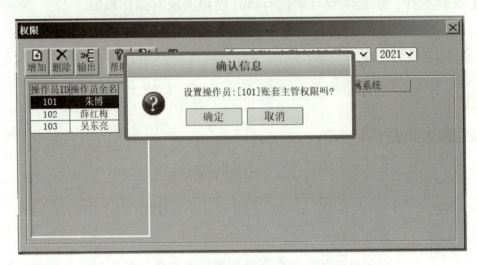

图1-14

(3) 设置会计操作权限，选择操作员"102"，账套"[505]嘉虹有限责任公司"，年度"2021"，单击"增加"按钮，选择相应的权限，如图1-15所示。

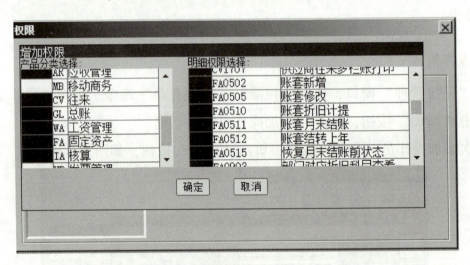

图1-15

(4) 单击"确定"按钮，按照类似的方法设置其他操作员权限。

任务 2　基础设置

【知识准备】

部门是指与企业财务核算或业务管理相关的职能单位。部门档案需按照已定义好的部门编码级次原则,输入部门相关信息。部门档案中包含部门编码名称、负责人、部门属性等信息。

任务 2.1　设置部门档案

任务 2.1

【任务描述】

部门档案如表 1-2 所示。

表 1-2　部门档案

部门编码	部门名称
1	经理室
2	办公室
3	财务部
4	采购部
5	销售部
6	仓库管理部
7	生产车间

【操作步骤】

(1) 以操作员"101"的身份登录"信息门户"系统,以下同。执行"基础设置"—"机构设置"—"部门档案"命令,打开"部门档案"窗口。

(2) 在"部门档案"窗口中,单击"增加"按钮。

(3) 输入部门信息,如图 1-16 所示。

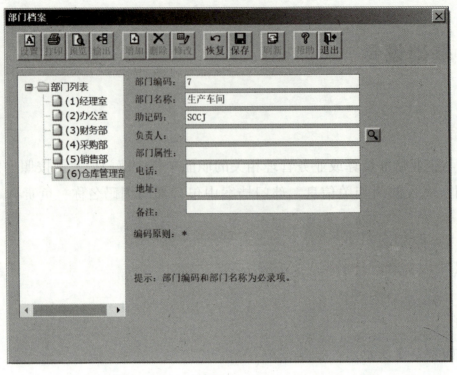

图1-16

(4) 单击"保存"按钮。

【知识准备】

职员档案主要用于记录本单位职员个人的信息资料,设置职员档案可以方便地进行个人往来核算和管理等操作。职员档案包括职员编号、名称、所属部门及职员属性等。

任务2.2 设置职员档案

【任务描述】

任务2.2

职员档案如表1-3所示。

表1-3 职员档案

职员编号	职员名称	所属部门	职员属性
111	杨云天	经理室	管理人员
112	马国力	经理室	管理人员
113	蒋志权	经理室	管理人员
211	许可	办公室	管理人员
212	罗中珊	办公室	管理人员

续表

职员编号	职员名称	所属部门	职员属性
311	朱博	财务部	财务人员
312	薛红梅	财务部	财务人员
313	吴东亮	财务部	财务人员
411	王海明	采购部	采购人员
412	郭继红	采购部	采购人员
511	张树	销售部	销售人员
512	蒯连金	销售部	销售人员
611	冯娜	仓库管理部	管理人员
612	郭全怡	仓库管理部	管理人员
711	宋松	生产车间	生产塑胶玩具
712	李静玲	生产车间	生产塑胶玩具
713	周丽	生产车间	生产塑胶玩具
714	金继楚	生产车间	生产塑胶玩具
715	赵明静	生产车间	生产宠物玩具
716	王传利	生产车间	生产宠物玩具
717	郭毅	生产车间	生产宠物玩具
718	李大平	生产车间	生产宠物玩具
719	王霞	生产车间	生产宠物玩具
720	吴丽	生产车间	生产玩具乐器
721	景英清	生产车间	生产玩具乐器
722	邓玲	生产车间	生产玩具乐器
723	张泉金	生产车间	生产玩具乐器
724	杨连玉	生产车间	生产玩具乐器
725	苏童	生产车间	生产玩具乐器

【操作步骤】

（1）执行"基础设置"—"机构设置"—"职员档案"命令，打开"职员档案"窗口，如图1-17所示。

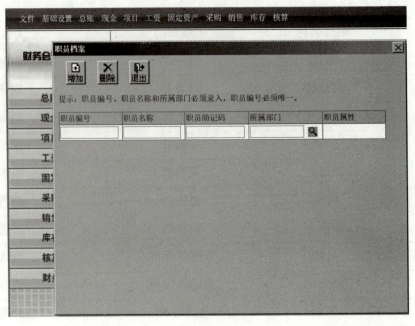

图 1-17

（2）在"职员档案"窗口中，依次输入职员编号、职员名称、所属部门和职员属性，单击"增加"按钮输入下一个职员档案。设置完毕，单击"退出"按钮，如图 1-18 所示。

图 1-18

【知识准备】

企业进行往来管理，就必须建立客户档案。客户档案中包含了客户的基本信息、联系信息、信用信息和其他信息。如果用户设置了客户分类，则客户档案必须在末级客户分类中设置；如果未进行客户分类，客户档案则应在客户分类的"无分类"项下设置。

任务 2.3 设置客户档案

【任务描述】

客户档案如表 1-4 所示。

表 1-4 客户档案

编号	名称	简称	税号	开户银行	银行账号
01	江苏大发有限责任公司	大发公司	478501109208689	中国工商银行南京环城支行	1108020009000606
02	常青贸易有限责任公司	常青贸易	321001140718855	中国工商银行市中心营业部	3568066330070912
03	南方有限责任公司	南方公司	356422983645366	中国建设银行顺区支行	8863796217798623

【操作步骤】

（1）执行"基础设置"—"往来单位"—"客户档案"命令，打开"客户档案"窗口。

（2）在"客户档案"窗口中，单击"增加"按钮，打开"客户档案卡片"对话框。

（3）输入第一条客户档案信息，单击"保存"按钮，供应商档案编辑完成，单击"退出"按钮，如图 1-19 所示。

图 1-19

然后按照相同方法输入其他的客户档案信息。

【知识准备】

企业进行往来管理，就必须建立供应商档案。如果用户设置了供应商分类，则供应商档案必须在末级供应商分类中设置；如果未进行供应商分类，供应商档案则应在供应商分类的"无分类"项下设置。

任务2.4　设置供应商档案

任务2.4

【任务描述】

供应商档案如表1-5所示。

表1-5　供应商档案

编号	名称	简称	税号	开户银行	银行账号
01	红日工业有限公司	红日公司	250221149800684	中国工商银行扬州人民支行	732001268003457
02	浙江中天有限公司	中天公司	588563963226129	中国建设银行国民支行	553995233569997
03	广东建工有限公司	建工公司	3410011455390765	中国建设银行向阳支行	632801963459002

【操作步骤】

（1）执行"基础设置"—"往来单位"—"供应商档案"命令，打开"供应商档案"窗口。

（2）在"供应商档案"窗口中，单击"增加"按钮，打开"供应商档案卡片"对话框。

（3）输入第一条供应商档案信息，单击"保存"按钮，供应商档案编辑完成，单击"退出"按钮，如图1-20所示。

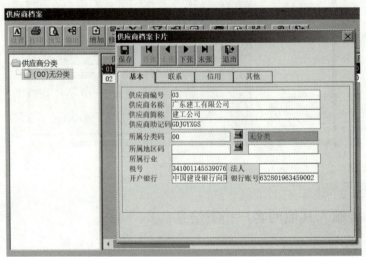

图1-20

然后按照相同方法输入其他的供应商档案信息。

【知识准备】

在录入凭证之前，应进行凭证类别的设置。已使用的凭证类别不能删除，也不能修改。用的较多的一般有通用记账凭证类别和收款、付款、转账凭证类别。

任务 2.5　设置凭证类别

【任务描述】

将凭证类别设置为记账凭证。

【操作步骤】

（1）执行"基础设置"—"财务"—"凭证类别"命令，打开"凭证类别预置"对话框。

（2）单击"记账凭证"单选按钮，如图 1-21 所示。

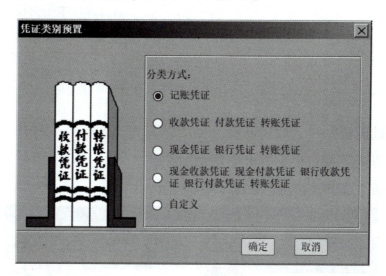

图 1-21

（3）设置完成，单击"确定"按钮退出。

【知识准备】

该功能用来建立和管理在生产经营活动中所涉及的货币结算方式，与财务结算方式一致。设置结算方式主要是为了便于银行对账和票据管理，设置结算方式包括设置结算方式编码及结算方式名称。

任务 2.6 设置结算方式

【任务描述】

结算方式如表 1-6 所示。

表 1-6 结算方式

编码	名称
1	现金支票
2	转账支票
3	银行汇票
4	电汇
5	微信支付
6	支付宝转账
7	电子交税
8	网上银行

【操作步骤】

（1）执行"基础设置"—"收付结算"—"结算方式"命令，打开"结算方式"窗口。

（2）在"结算方式"窗口中，单击"增加"按钮。

（3）输入第一条结算方式信息，如图 1-22 所示。

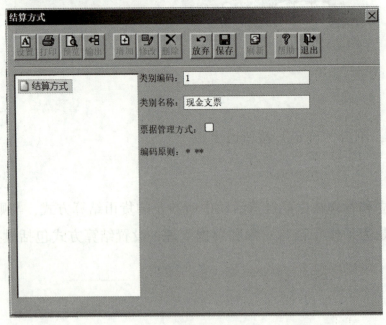

图 1-22

（4）设置完成，单击"保存"按钮。

然后按照同样的方法输入其他结算方式信息。

【知识准备】

根据题目要求，在企业原有会计科目基础上，应对一些会计科目的结构进行调整。在建立账套时，一般会选择预置科目，因此企业需要增加的主要是明细科目，当增加的明细科目有错误时，可进行科目修改。

对于已经存在的一级会计科目，其也可以通过修改功能补充科目的相应属性。指定会计科目是指定出纳的专管科目，一般指现金科目和银行存款科目，指定科目后才能执行出纳签字的程序，从而实现现金银行管理的保密性。指定会计科目还可以用来指定与现金流量有关的科目。

任务 2.7 会计科目设置

任务 2.7

【任务描述】

（1）增加各明细科目；

（2）设置辅助核算科目；

（3）指定会计科目：将"1001 库存现金"科目指定为现金总账科目；将"1002 银行存款"科目指定为银行总账科目。会计科目如表 1-7 所示。

表 1-7 会计科目

科目编码	科目名称	方向	辅助核算
1001	库存现金	借	日记账
1002	银行存款	借	日记账 银行账
1012	其他货币资金	借	
101201	银行本票	借	
101202	银行汇票	借	
101203	支付宝转账	借	
101204	微信转账	借	
1101	短期投资	借	
110101	股票	借	
110102	债券	借	
110103	基金	借	
110110	其他	借	

续表

科目编码	科目名称	方向	辅助核算
1121	应收票据	借	
1122	应收账款	借	客户核算 受控：应收
1123	预付账款	借	供应商核算 受控：应付
1131	应收股利	借	
1132	应收利息	借	
1221	其他应收款	借	
122101	个人	借	个人核算
122102	保险公司	借	
1401	材料采购	借	
1402	在途物资	借	
1403	原材料	借	
1404	材料成本差异	借	
1405	库存商品	借	项目核算
1406	委托代销商品	借	
1407	商品进销差价	贷	
1408	委托加工物资	借	
1411	周转材料	借	
1421	消耗性生物资产	借	
1501	长期债券投资	借	
1511	长期股权投资	借	
1601	固定资产	借	
1602	累计折旧	贷	
1604	在建工程	借	
160401	二厂房	借	
1605	工程物资	借	
1606	固定资产清理	借	
1621	生产性生物资产	借	
1622	生产性生物资产累计折旧	贷	
1701	无形资产	借	
170101	专利权	借	

续表

科目编码	科目名称	方向	辅助核算
1702	累计摊销	贷	
1801	长期待摊费用	借	
1901	待处理财产损溢	借	
190101	待处理流动资产损溢	借	
190102	待处理固定资产损溢	借	
2001	短期借款	贷	
2201	应付票据	贷	
2202	应付账款	贷	
220201	货款	贷	供应商核算 受控：应付
220202	暂估款	贷	供应商核算 受控：无
2203	预收账款	贷	客户核算 受控：应收
2211	应付职工薪酬	贷	
221101	应付职工工资	贷	
221102	应付奖金、津贴和补贴	贷	
221103	应付福利费	贷	
221104	应付社会保险费	贷	
22110401	医疗保险	贷	
22110402	生育保险	贷	
22110403	工伤保险	贷	
221105	设定提存计划	贷	
22110501	养老保险	贷	
22110502	失业保险	贷	
221106	住房公积金	贷	
221107	工会经费	贷	
221108	职工教育经费	贷	
221109	非货币性福利	贷	
221110	其他应付职工薪酬	贷	
2221	应交税费	贷	
222101	应交增值税	贷	
22210101	进项税额	贷	

续表

科目编码	科目名称	方向	辅助核算
22210106	销项税额	贷	
22210107	进项税额转出	贷	
22210108	已交税金	贷	
22210109	转出未交增值税	贷	
222102	未交增值税	贷	
222104	应交消费税	贷	
222105	应交资源税	贷	
222106	应交企业所得税	贷	
222107	应交土地增值税	贷	
222108	应交城市维护建设税	贷	
222109	应交房产税	贷	
222110	应交城镇土地使用税	贷	
222111	应交车船使用税	贷	
222112	应交个人所得税	贷	
222113	教育费附加	贷	
222114	地方教育费附加	贷	
222115	应交环境保护税	贷	
2231	应付利息	贷	
2232	应付利润	贷	
2241	其他应付款	贷	
224101	设定提存计划	贷	
22410101	养老保险	贷	
22410102	失业保险	贷	
224102	社会保险费	贷	
22410201	医疗保险	贷	
224103	住房公积金	贷	
224104	存入保证金	贷	
224105	工会会费	贷	
2401	递延收益	贷	
2501	长期借款	贷	

续表

科目编码	科目名称	方向	辅助核算
2701	长期应付款	贷	
3001	实收资本	贷	
3002	资本公积	贷	
300201	资本溢价	贷	
3101	盈余公积	贷	
310101	法定盈余公积	贷	
310102	任意盈余公积	贷	
3103	本年利润	贷	
3104	利润分配	贷	
310401	其他转入	贷	
310402	提取法定盈余公积	贷	
310403	提取法定公益金	贷	
310404	提取职工奖励及福利基金	贷	
310409	提取任意盈余公积	贷	
310410	应付利润	贷	
310415	未分配利润	贷	
4001	生产成本	借	
400101	直接材料	借	项目核算
400102	直接人工	借	项目核算
400103	制造费用	借	项目核算
4101	制造费用	借	
4301	研发支出	借	
4401	工程施工	借	
4403	机械作业	借	
5001	主营业务收入	贷	
5051	其他业务收入	贷	
5111	投资收益	贷	
5301	营业外收入	贷	
530101	政府补助	贷	
530102	收回坏账损失	贷	

科目编码	科目名称	方向	辅助核算
530103	汇兑收益	贷	
530104	非流动资产处置净收益	贷	
5401	主营业务成本	借	
5402	其他业务成本	借	
5403	税金及附加	借	
5601	销售费用	借	
560101	办公费	借	
560102	广告费	借	
560103	工资	借	
560104	福利费	借	
560105	社会保险费	借	
560106	住房公积金	借	
560107	工会经费	借	
560108	职工教育经费	借	
560109	业务招待费	借	
560110	折旧费	借	
560111	水电费	借	
5602	管理费用	借	
560201	办公费	借	
560202	差旅费	借	
560203	工资	借	
560204	福利费	借	
560205	社会保险费	借	
560206	住房公积金	借	
560207	工会经费	借	
560208	职工教育经费	借	
560209	业务招待费	借	
560210	折旧费	借	
560211	水电费	借	
5603	财务费用	借	

续表

科目编码	科目名称	方向	辅助核算
560301	利息费用	借	
560302	手续费用	借	
560303	现金折扣	借	
560304	汇兑损失	借	
5711	营业外支出	借	
571101	坏账损失	借	
571102	材料损失	借	
571103	处置固定资产净损失	借	
571105	税收滞纳金	借	
5801	所得税费用	借	

【操作步骤】

1. 增加各明细科目

（1）执行"基础设置"—"财务"—"会计科目"命令，进入"会计科目"窗口，如图1-23所示。

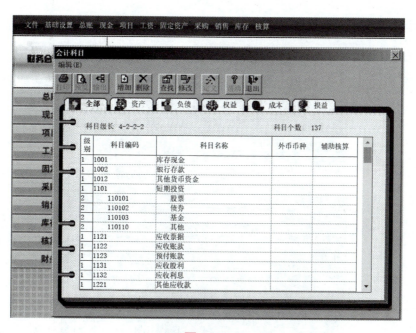

图 1-23

（2）单击"增加"按钮，进入"新增科目"窗口，输入科目编码"101201"、科目中文名称"银行本票"，如图1-24所示。

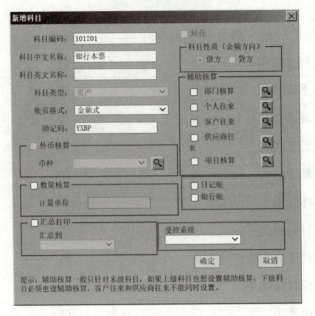

图 1-24

(3) 单击"确定"按钮，继续单击"增加"，输入其他明细科目的相关内容。

(4) 全部输入完成后，单击"关闭"按钮退出。

要修改会计科目，可以直接单击需要修改的会计科目，然后单击"修改"按钮进行修改。

2. 设置辅助核算科目

(1) 在"会计科目"窗口，单击要修改的会计科目"1122 应收账款"。

(2) 单击"修改"按钮，进入"修改科目"窗口。

(3) 选中"客户往来"复选框，如图 1-25 所示。

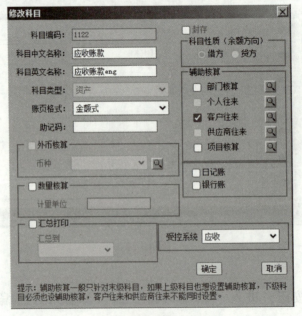

图 1-25

(4) 单击"确定"按钮。

按照类似方法设置其他有关会计科目的个人核算、供应商核算、客户核算和项目核算。

3. 指定会计科目

(1) 在"会计科目"窗口中，执行"编辑"—"指定科目"命令，进入"指定科目"窗口，如图 1-26 所示。

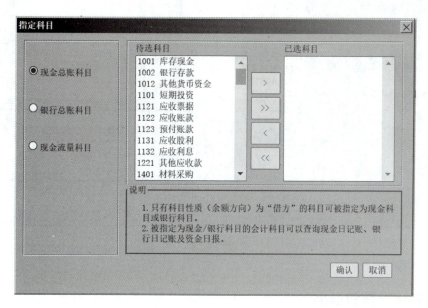

图 1-26

(2) 单击"现金总账科目"单选按钮。

(3) 单击选中"1001 库存现金"科目，单击">"按钮，将"1001 库存现金"科目由待选科目选入已选科目，如图 1-27 所示。

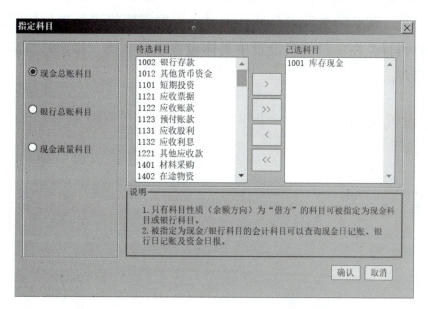

图 1-27

(4)单击"银行总账科目"单选按钮,将"1002 银行存款"科目由待选科目选入已选科目,如图1-28所示。

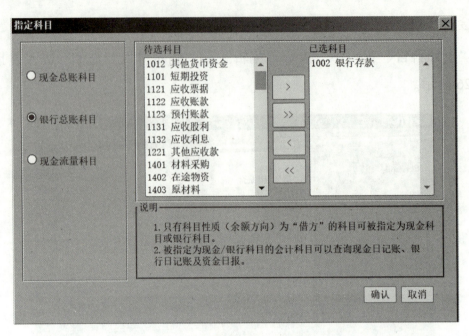

图1-28

然后单击"确认"按钮退出。

【知识准备】

为了满足企业的实际需要,在总账系统中,设计了项目核算功能。项目核算是财务系统辅助核算管理的一项重要功能。企业可以将具有相同特性的一类项目定义成一个项目大类,一个项目大类可以核算多个项目。企业可以对这些项目进行分级管理。

要实现项目核算,就必须在设置会计科目时,根据需要将进行项目核算的科目设置为项目辅助核算类会计科目,在项目档案设置中具体设置项目大类、指定核算科目、定义项目分类、定义项目目录等。

任务2.8 设置项目档案

【任务描述】

项目档案如表1-8所示。

表 1-8　项目档案

项目大类名称	核算科目	项目分类定义	项目目录	项目类型
产品核算	1405 库存商品	1 产品	1 塑胶玩具 2 宠物玩具 3 玩具乐器	普通项目
成本对象	400101 直接材料 400102 直接人工 400103 制造费用	1 产品	1 塑胶玩具 2 宠物玩具 3 玩具乐器	成本对象

【操作步骤】

1. 设置项目大类

（1）执行"基础设置"—"财务"—"项目目录"命令，进入"项目档案"窗口。

（2）单击"增加"按钮，打开项目大类定义对话框，输入新项目大类名称为"产品核算"，如图 1-29 所示。

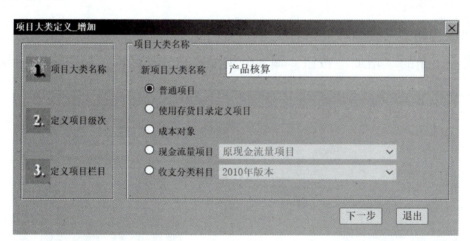

图 1-29

（3）单击"下一步"按钮，其他设置均采用系统默认值，最后单击"完成"按钮，返回项目档案窗口。

2. 指定核算科目

在"项目档案"窗口中，选择核算科目"库存商品"，单击下箭头，将待选科目选入已选科目，单击"确定"按钮，如图 1-30 所示。

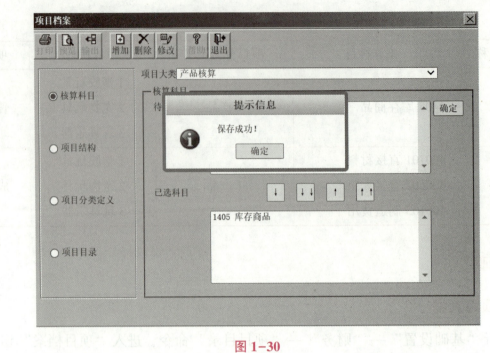

图 1-30

3. 定义项目分类

（1）在"项目档案"窗口中，选择"项目分类定义"。

（2）单击右下角的"增加"按钮，输入分类编码和分类名称，如图 1-31 所示。

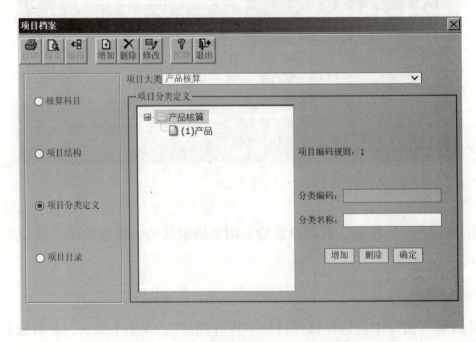

图 1-31

（3）单击"确定"按钮。

4. 定义项目目录

（1）在"项目档案"窗口中，选择"项目目录"。

（2）单击"维护"按钮，进入"项目目录维护"窗口。

（3）单击"增加"按钮，输入项目编号、项目名称、所属分类码，如图1-32所示。

图 1-32

同理，继续增加和设置成本核算项目大类。

任务3　录入期初余额

【知识准备】

企业建立账套之后，需要在系统中建立基础档案和各账户的余额数据，才能继续业务处理进程。各账户余额数据的准备与总账启用的会计期间相关，总账管理模块需要输入的期初数据，包括期初余额和累计发生额。企业建账时间不同，所输入的期初数据也有所不同。

1. 无辅助核算科目期初余额录入

余额和累计发生额的录入要从最末级科目开始，上级科目的余额和累计发生数据由系统自动计算。

2. 有辅助核算科目期初余额录入

在录入期初余额时，对于设置为辅助核算的科目，系统会自动为其开设辅助账页。这类科目总账的期初余额是由辅助账的期初明细汇总而来的，即在输入期初余额时，不能直接输入总账期初数。

3. 进行试算平衡

期初数据输入完毕后应进行试算平衡，在试算平衡后即可进行日常业务处理。如果期初余额试算不平衡，可以填制审核凭证，但不能进行记账处理。

任务　录入期初余额并进行试算平衡

任务3.1

【任务描述】

期初余额如表1-9所示。

表1-9　期初余额　　　　　　　　　　　　　　　　　　　　　　　　元

科目编码	科目名称	方向	辅助核算	期初余额
1001	库存现金	借	日记账	5 280.80
1002	银行存款	借	日记账 银行账	6 020 829.20
1012	其他货币资金	借		
101201	银行本票	借		
101202	银行汇票	借		
101203	支付宝转账	借		
101204	微信转账	借		
1101	短期投资	借		
110101	股票	借		
110102	债券	借		
110103	基金	借		
110110	其他	借		
1121	应收票据	借		
1122	应收账款	借	客户核算	151 420.00
1123	预付账款	借	供应商核算	
1131	应收股利	借		
1132	应收利息	借		

续表

科目编码	科目名称	方向	辅助核算	期初余额
1221	其他应收款	借		5 000.00
122101	个人	借	个人核算	
122102	保险公司	借		5 000.00
1401	材料采购	借		
1402	在途物资	借		2 000.00
1403	原材料	借		102 620.00
1404	材料成本差异	借		
1405	库存商品	借	项目核算	1 251 000.00
1406	委托代销商品	借		
1407	商品进销差价	借		
1408	委托加工物资	借		
1411	周转材料	借		
1421	消耗性生物资产	借		
1501	长期债券投资	借		
1511	长期股权投资	借		
1601	固定资产	借		4 270 000.00
1602	累计折旧	贷		130 485.00
1604	在建工程	借		1 507 921.00
160401	二厂房	借		1 507 921.00
1605	工程物资	借		
1606	固定资产清理	借		
1621	生产性生物资产	借		
1622	生产性生物资产累计折旧	贷		
1701	无形资产	借		60 000.00
170101	专利权	借		60 000.00
1702	累计摊销	贷		
1801	长期待摊费用	借		
1901	待处理财产损溢	借		
190101	待处理流动资产损溢	借		
190102	待处理固定资产损溢	借		

续表

科目编码	科目名称	方向	辅助核算	期初余额
2001	短期借款	贷		118 000.00
2201	应付票据	贷		
2202	应付账款	贷		9 550.00
220201	货款	贷	供应商核算	5 650.00
220202	暂估款	贷	供应商核算	3 900.00
2203	预收账款	贷	客户核算	
2211	应付职工薪酬	贷		132 811.00
221101	应付职工工资	贷		91 200.00
221102	应付奖金、津贴和补贴	贷		
221103	应付福利费	贷		
221104	应付社会保险费	贷		11 059.00
22110401	医疗保险	贷		9 235.00
22110402	生育保险	贷		912.00
22110403	工伤保险	贷		912.00
221105	设定提存计划	贷		19 608.00
22110501	养老保险	贷		18 240.00
22110502	失业保险	贷		1 368.00
221106	住房公积金	贷		10 944.00
221107	工会经费	贷		
221108	职工教育经费	贷		
221109	非货币性福利	贷		
221110	其他应付职工薪酬	贷		
2221	应交税费	贷		−21 826.89
222101	应交增值税	贷		
22210101	进项税额	贷		
22210106	销项税额	贷		
22210107	进项税额转出	贷		
22210108	已交税金	贷		
22210109	转出未交增值税	贷		
222102	未交增值税	贷		16 456.70

续表

科目编码	科目名称	方向	辅助核算	期初余额
222104	应交消费税	贷		
222105	应交资源税	贷		
222106	应交企业所得税	贷		-40 271.29
222107	应交土地增值税	贷		
222108	应交城市维护建设税	贷		1 151.97
222109	应交房产税	贷		
222110	应交城镇土地使用税	贷		
222111	应交车船使用税	贷		
222112	应交个人所得税	贷		12.9
222113	教育费附加	贷		493.70
222114	地方教育费附加	贷		329.13
222115	应交环境保护税	贷		
2231	应付利息	贷		
2232	应付利润	贷		
2241	其他应付款	贷		
224101	设定提存计划	贷		
22410101	养老保险	贷		
22410102	失业保险	贷		
224102	社会保险费	贷		
22410201	医疗保险	贷		
224103	住房公积金	贷		
224104	存入保证金	贷		
224105	工会会费	贷		
2401	递延收益	贷		
2501	长期借款	贷		2 000 000.00
2701	长期应付款	贷		
3001	实收资本	贷		6 597 851.89
3002	资本公积	贷		2 800 000.00
300201	资本溢价	贷		2 800 000.00
3101	盈余公积	贷		740 000.00

续表

科目编码	科目名称	方向	辅助核算	期初余额
310101	法定盈余公积	贷		540 000.00
310102	任意盈余公积	贷		200 000.00
3103	本年利润	贷		
3104	利润分配	贷		879 000.00
310401	其他转入	贷		
310402	提取法定盈余公积	贷		
310403	提取法定公益金	贷		
310404	提取职工奖励及福利基金	贷		
310409	提取任意盈余公积	贷		
310410	应付利润	贷		
310415	未分配利润	贷		879 000.00
4001	生产成本	借		9 800.00
400101	直接材料	借	项目核算	6 000.00
400102	直接人工	借	项目核算	2 000.00
400103	制造费用	借	项目核算	1 800.00
4101	制造费用	借		
4301	研发支出	借		
4401	工程施工	借		
4403	机械作业	借		
5001	主营业务收入	贷		
5051	其他业务收入	贷		
5111	投资收益	贷		
5301	营业外收入	贷		
530101	政府补助	贷		
530102	收回坏账损失	贷		
530103	汇兑收益	贷		
530104	非流动资产处置净收益	贷		
5401	主营业务成本	借		
5402	其他业务成本	借		
5403	税金及附加	借		

续表

科目编码	科目名称	方向	辅助核算	期初余额
5601	销售费用	借		
560101	办公费	借		
560102	广告费	借		
560103	工资	借		
560104	福利费	借		
560105	社会保险费	借		
560106	住房公积金	借		
560107	工会经费	借		
560108	职工教育经费	借		
560109	业务招待费	借		
560110	折旧费	借		
560111	水电费	借		
5602	管理费用	借		
560201	办公费	借		
560202	差旅费	借		
560203	工资	借		
560204	福利费	借		
560205	社会保险费	借		
560206	住房公积金	借		
560207	工会经费	借		
560208	职工教育经费	借		
560209	业务招待费	借		
560210	折旧费	借		
560211	水电费	借		
5603	财务费用	借		
560301	利息费用	借		
560302	手续费用	借		
560303	现金折扣	借		
560304	汇兑损失	借		
5711	营业外支出	借		

续表

科目编码	科目名称	方向	辅助核算	期初余额
571101	坏账损失	借		
571102	材料损失	借		
571103	处置固定资产净损失	借		
571105	税收滞纳金	借		
5801	所得税费用	借		

期初余额明细资料：

1. 应收账款期初余额

应收账款期初余额明细表如表1-10所示。

表1-10 应收账款期初余额明细表

日期	凭证号	客户	摘要	方向	金额/元
2021-6-24	记50	江苏大发有限责任公司	销售产品	借	39 550
2021-6-25	记53	常青贸易有限责任公司	销售产品	借	111 870

2. 库存商品期初余额

库存商品期初余额明细表如表1-11所示。

表1-11 库存商品期初余额明细表

项目	方向	金额/元
塑胶玩具	借	456 000
宠物玩具	借	480 000
玩具乐器	借	315 000

3. 应付账款期初余额

应付账款——货款期初余额表如表1-12所示。

表1-12 应付账款——货款期初余额表

日期	凭证号	供应商	摘要	方向	金额/元
2021-6-30	记58	浙江中天有限公司	购买材料	贷	5 650

应付账款——暂估款期初余额表如表 1-13 所示。

表 1-13 应付账款——暂估款期初余额表

日期	凭证号	供应商	摘要	方向	金额/元
2021-6-29	记 56	广东建工有限公司	购买材料	贷	3 900

4. 生产成本期初余额

生产成本期初余额明细表如表 1-14 所示。

表 1-14 生产成本期初余额明细表

产品	项目	金额/元
玩具乐器	直接材料	6 000
	直接人工	2 000
	制造费用	1 800

【操作步骤】

1. 输入无辅助核算科目期初余额

（1）执行"总账"—"设置"—"期初余额"命令，进入"期初余额录入"窗口。

（2）输入"1001 库存现金"科目的期初余额 6 000，按 Enter 键确认，如图 1-33 所示。

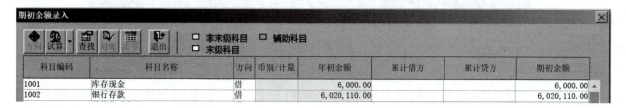

图 1-33

（3）同理，输入资料中其他无辅助核算科目的期初余额。

2. 输入有辅助核算的会计科目期初余额

（1）双击"应收账款"科目，进入应收账款"期初辅助核算"窗口，如图 1-34 所示。

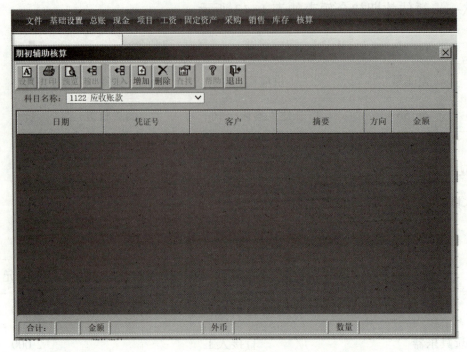

图 1-34

（2）单击"增加"按钮，输入资料中"应收账款"的辅助核算信息，如图 1-35 所示。

图 1-35

（3）单击"退出"按钮，辅助核算初始余额自动汇总到总账科目中，如图 1-36 所示。

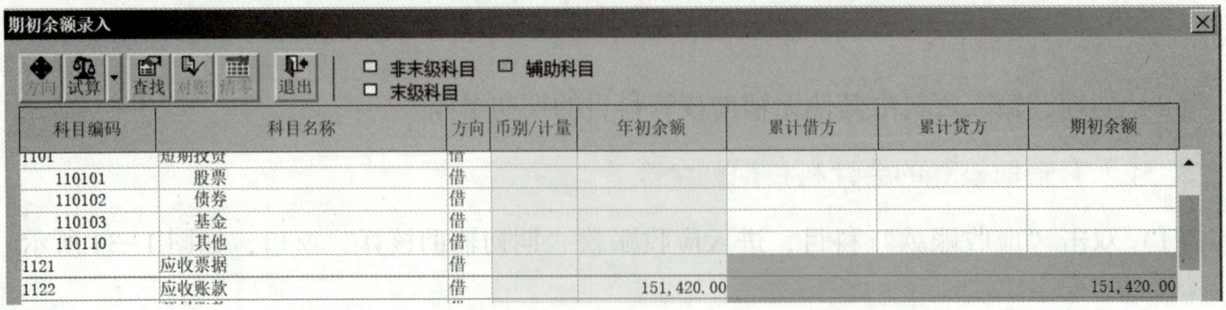

图 1-36

（4）同理，输入资料中其他辅助核算科目的期初余额。

3. 试算平衡

（1）输完所有科目余额后，在"期初余额录入"窗口，单击"试算"按钮，打开"期初试算平衡表"对话框。

（2）单击"确认"按钮。若试算余额不平衡，则修改期初余额直到平衡为止，如图1-37所示。

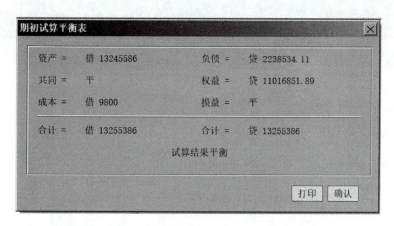

图1-37

任务4　自定义转账设置

任务　自定义转账设置

任务4.1

【任务描述】

（1）计算城建税和教育费附加，转账序号001，贷方按照未交增值税贷方发生额计算取数，借方取对方科目计算结果（含地方教育费附加）；

（2）交纳本月企业所得税，转账序号002，借方按照本年利润贷方发生额计算取数，贷方取对方科目计算结果。

【操作步骤】

（1）执行"总账"—"期末"—"转账定义"—"自定义转账"命令，进入"自动转账设置"窗口，如图1-38所示。

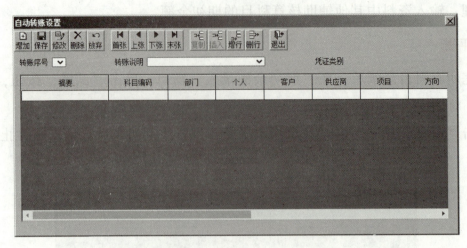

图 1-38

（2）单击"增加"按钮，打开"转账目录"对话框，输入转账序号、转账说明，选择凭证类别，单击"确定"按钮，如图 1-39 所示。

图 1-39

（3）继续定义转账凭证分录信息，确定分录的借方信息，选择科目编码、方向"借"和金额公式，公式为"取对方科目计算结果"；单击"增行"按钮，确定分录的贷方信息，输入科目编码、方向"贷"和金额公式，单击"保存"按钮，如图 1-40、图 1-41 所示。

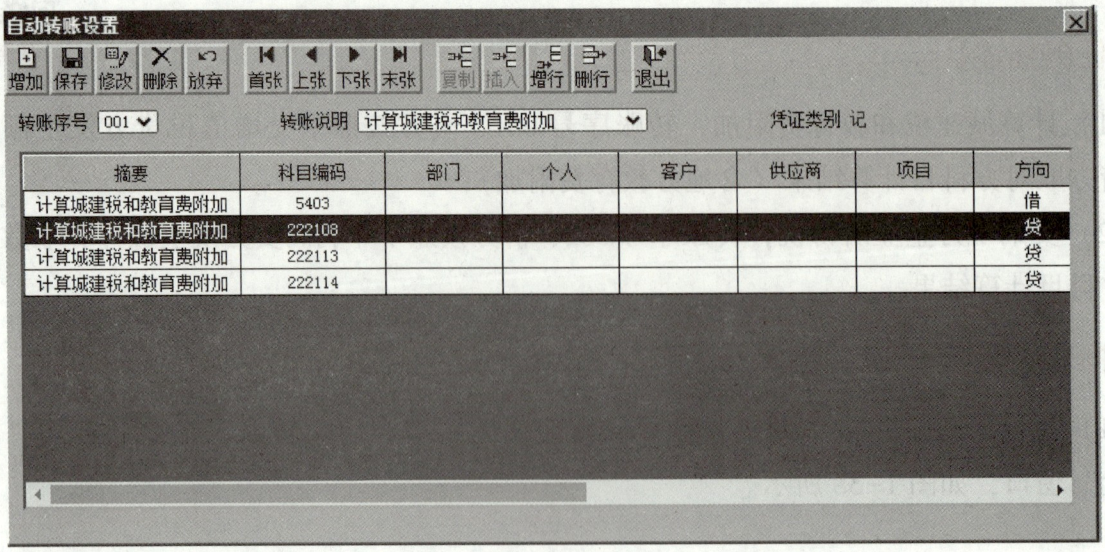

图 1-40

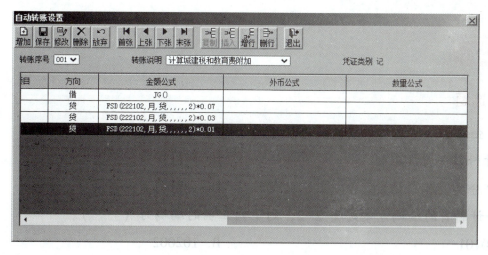

图 1-41

同理,设置交纳企业所得税的自动转账定义,如图 1-42、图 1-43 所示。

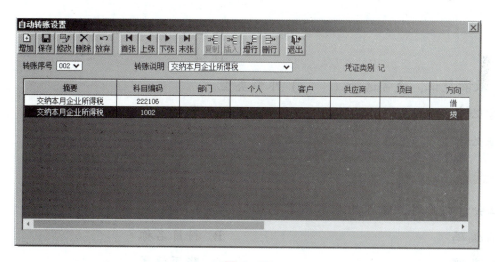

图 1-42

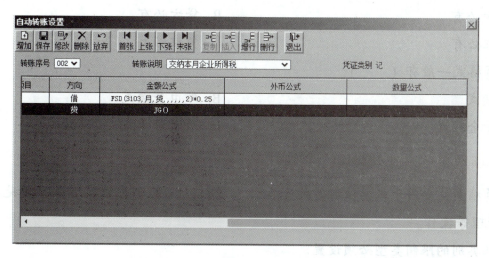

图 1-43

同步练习

一、单选题

1. 下列企业基础信息的设置，顺序错误的是（　　）。
   A. 会计科目—凭证类别 B. 部门档案—职员档案
   C. 客户分类—客户档案 D. 会计科目—外币

2. 若会计科目的编码方案是 3-2-2，则下列正确的编码为（　　）。
   A. 1010101 B. 102002
   C. 101101 D. 102021

3. "2013 小企业会计准则"中规定的一级科目编码的第一位表示"负债类"科目的编号是（　　）。
   A. 1 B. 2
   C. 3 D. 4

4. 对于收款凭证，通常选择（　　）限制类型。
   A. 借方必有 B. 贷方必有
   C. 凭证必有 D. 凭证必无

二、多选题

1. 建立会计科目时，输入的基本内容包括（　　）。
   A. 科目编码 B. 科目名称
   C. 科目类型 D. 账页格式

2. 系统提供的凭证限制类型包括（　　）。
   A. 借方必有 B. 贷方必有
   C. 凭证必有 D. 凭证必无

3. 账页格式一般有（　　）。
   A. 金额式 B. 外币金额式
   C. 数量金额式 D. 数量外币式

三、判断题

1. 职员档案主要用于本单位职员的个人信息资料，设置职员档案可以方便地进行个人往来核算和管理等操作。（　　）

2. 凭证类别的限制类型必须设置。（　　）

3. 科目已经使用，仍然可以增加下级科目。（　　）

4. 删除会计科目时应先删除上一级科目，然后再删除本级科目。　　　　　　（　　）

5. 科目一经使用，则不允许修改或删除。　　　　　　　　　　　　　　　（　　）

四、简答题

1. 指定会计科目有什么作用？
2. 简述建立项目档案的步骤。

项目二

总账业务处理

技能目标

1. 能准确完整地输入记账凭证；
2. 能对收付款凭证进行出纳签字；
3. 能对全部记账凭证进行审核；
4. 掌握科目汇总的方法；
5. 能对审核无误的凭证进行记账；
6. 培养学生分岗协作的能力。

任务1 填制凭证

【知识准备】

记账凭证是登记账簿的依据，是总账系统的主要数据来源，而填制记账凭证是最基础和频繁的日常工作。在计算机账务处理后，电子账簿的准确完整与否完全依赖于记账凭证，所以在实际工作中，必须保证输入记账凭证的准确性。

记账凭证由以下部分组成：

（1）凭证类别：输入凭证类别。

（2）凭证编号：一般情况下，由系统按凭证类别按月自动编号。如果在总账参数中设置凭证编号方式为"手工编号"，则用户在此处需手工录入凭证编号。

（3）制单日期：填制凭证的日期。填制凭证日期应在总账模块启用日期之后。

（4）附单据数：输入记账凭证所附原始凭证单据张数。

（5）摘要：输入经济业务的描述，要求简洁明了且不能为空，凭证中各行的摘要均不能为空。

（6）会计科目：输入或参照科目表输入末级科目的编码，系统会自动显示为中文科目名称。

（7）金额：输入记账凭证借方和贷方发生额，借贷方金额相等才能保存凭证。金额可以是红字，但不能为零。

（8）辅助核算信息：设置了辅助核算的会计科目，系统提示输入相应的辅助核算信息。

任务1.1 1日，购买并领用办公用品。总账模块中完成

任务1.1

【任务描述】

嘉虹有限责任公司2021年7月份发生经济业务如下，以操作员"102"的身份登录505账套，依据相关业务填制记账凭证（图2-1~图2-4）。

品名	计量单位	数量	部门	签收人
办公文具	套	20	经理室	
		20	办公室	
		15	财务部	
		10	采购部	
		15	销售部	
		10	仓库管理部	
		10	生产车间	

经手人：　　　　　　　　　　　　　保管员：许可

图2-1

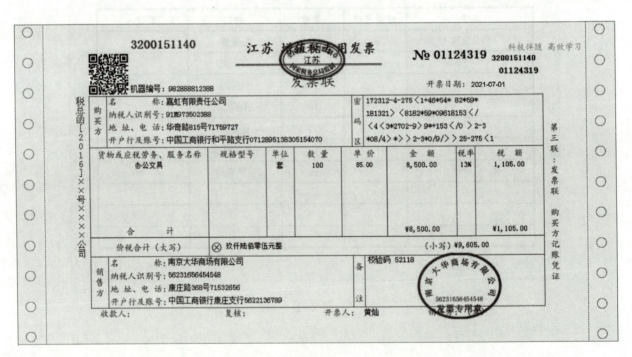

图 2-2

图 2-3

【操作步骤】

（1）进入总账模块，执行"填制凭证"命令，进入"填制凭证"窗口。

（2）单击"增加"按钮，输入凭证日期和附件张数，录入摘要、选择科目、输入金额，借贷平衡后，单击"保存"按钮。

（3）如果科目设置了辅助核算，则在填制凭证时系统会自动提示输入辅助信息，如部门、项目、客户、供应商、数量等，录入的辅助信息将在凭证左下方的备注中显示。

（4）若想放弃当前未完成的分录的输入，单击"删除"按钮删除当前分录。

（5）凭证一旦保存，其凭证类别、凭证编号不能修改。科目编码必须是末级科目编码，既可以手工直接输入，也可以利用右边的"参照"按钮选择输入。

图 2-4

（6）金额不能为"零"，红字以"-"表示。

以业务1为例，进行填制凭证的步骤说明：

（1）以操作员"102"的身份登录505账套，进入总账模块，执行"填制凭证"命令，单击"增加"按钮。

（2）录入制单日期"2021年7月1日"，附单据数"3"，录入摘要"购买并领用办公用品"。选择借方科目"560201 管理费用/办公费"，输入借方金额"6 375.00"，依次录入其他借方科目和金额；选择贷方科目"101204 其他货币资金/微信转账"，录入贷方金额"9 605.00"。

（3）凭证录入完毕，单击"保存"按钮，如图2-5所示。单击"增加"按钮，录入下一张凭证，以相同的方法进行其他总账业务凭证的填制。

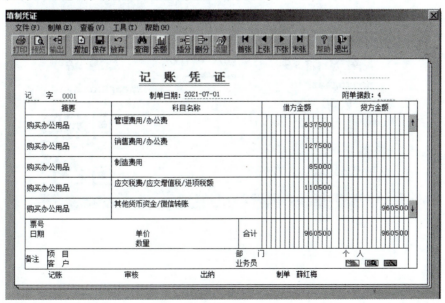

图 2-5

任务1.2 2日，报销差旅费，以现金支付。总账模块中完成（增加明细科目××××12差旅费）

【任务描述】

本部分相关内容如图2-6~图2-10所示。

图2-6

图2-7

图 2-8

图 2-9

图 2-10

【操作步骤】

首先增加明细会计科目 560112 差旅费。记账凭证如图 2-11 所示。

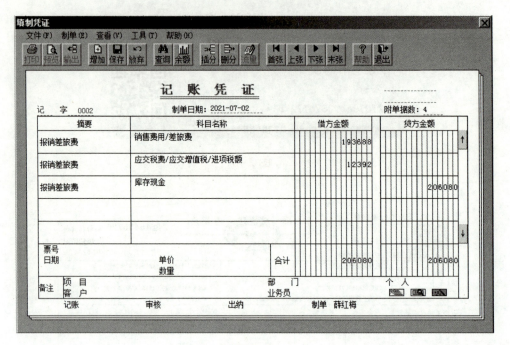

图 2-11

任务 1.3　2 日，现金盘点，原因待查。总账系统完成

任务 1.3

【任务描述】

库存现金盘点报告如图 2-12 所示。

库存现金盘点报告表　　科技伴随 高效学习

2021 年 07 月 02 日

实存金额	账存金额	盘盈	盘亏	备注
3,140.00	3,220.00		-80.00	原因待查

盘点人（签章）：　　　　出纳员（签章）：吴东亮

图 2-12

【操作步骤】

记账凭证如图 2-13 所示。

图 2-13

任务 1.4　3 日，现金盘亏结转。总账系统完成

任务 1.4

【任务描述】

现金盘亏处理报告如图 2-14 所示。

图 2-14

【操作步骤】

记账凭证如图 2-15 所示。

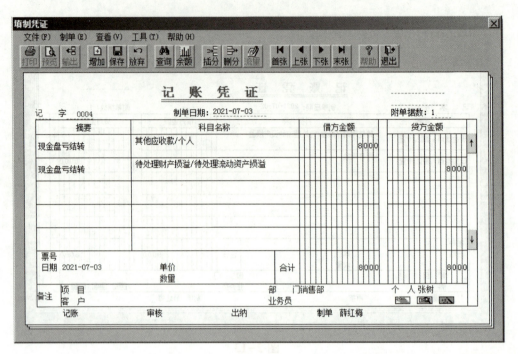

图 2-15

任务 1.5　6 日，发放工资

【任务描述】

2021 年 6 月工资发放明细如图 2-16 所示。

2021年6月工资发放明细表

单位：元

人员编号	姓名	应发合计	养老保险	医疗保险	失业保险	住房公积金	工会经费	代扣税	扣款合计	实发合计
111	杨云天	6786	542.88	339.3	135.72	407.16	33.93	9.81	1468.8	5317.2
112	马国力	6786	542.88	339.3	135.72	407.16	33.93	9.81	1468.8	5317.2
113	蒋志权	6786	542.88	339.3	135.72	407.16	33.93	9.81	1468.8	5317.2
211	许可	6786	542.88	339.3	135.72	407.16	33.93	9.81	1468.8	5317.2
212	罗中册	6786	542.88	339.3	135.72	407.16	33.93	9.81	1468.8	5317.2
311	朱博	6486	518.88	324.3	129.72	389.16	32.43	2.75	1397.24	5088.76
312	薛红梅	6486	518.88	324.3	129.72	389.16	32.43	2.75	1397.24	5088.76
313	吴东亮	6486	518.88	324.3	129.72	389.16	32.43	2.75	1397.24	5088.76
411	王海明	6286	502.88	314.3	125.72	377.16	31.43		1351.49	4934.51
...	...	...	...	...	...	...	...	...	...	4934.51
...	...	...	...	...	...	...	...	...	...	5012.62
合计		91200	7296	4560	1824	5472	456	47.32	19655.32	71544.68

图 2-16

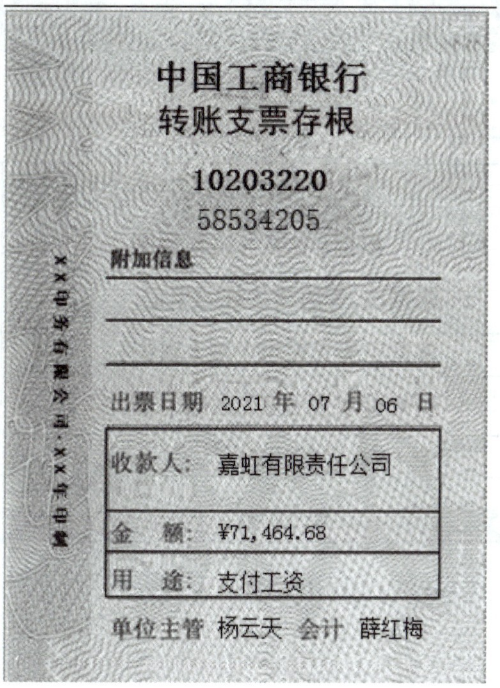

中国工商银行转账支票存根如图 2-17 所示。

中国工商银行
转账支票存根
10203220
58534205
附加信息
出票日期 2021 年 07 月 06 日
收款人：嘉虹有限责任公司
金　额：¥71,464.68
用　途：支付工资
单位主管 杨云天 会计 薛红梅

图 2-17

【操作步骤】

记账凭证如图 2-18 和图 2-19 所示。

填制凭证
文件(F) 制单(E) 查看(V) 工具(T) 帮助(H)
打印 预览 输出 增加 保存 放弃 查询 余额 插分 删分 流量 首张 上张 下张 末张 帮助 退出

记账凭证

记　字 0005　　制单日期：2021-07-06　　附单据数：2

摘要	科目名称	借方金额	贷方金额
发放工资	应付职工薪酬/应付职工工资	9120000	
发放工资	其他应付款/设定提存计划/养老保险		729600
发放工资	其他应付款/社会保险费/医疗保险		456000
发放工资	其他应付款/设定提存计划/失业保险		182400
发放工资	其他应付款/住房公积金		547200
票号 日期	单价 数量 合计	9120000	9120000

备注　项目　　部门　　个人
　　　客户　　业务员

记账　　审核　　出纳　　制单　薛红梅

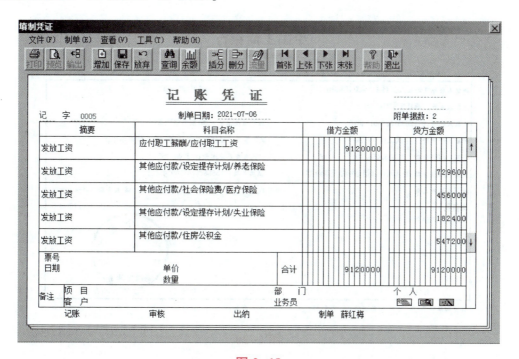

图 2-18

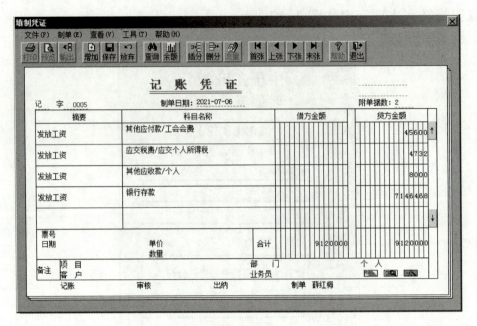

图 2-19

任务 1.6 6日，缴纳增值税

【任务描述】

中国工商银行电子缴税付款凭证 1 如图 2-20 所示。

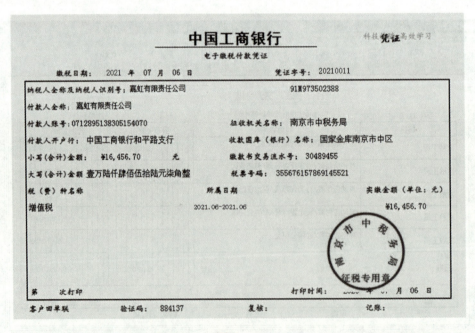

图 2-20

【操作步骤】

记账凭证如图 2-21 所示。

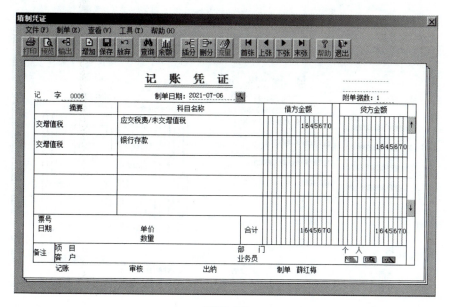

图 2-21

任务 1.7　6 日，交纳城建税和教育费附加

任务 1.7

【任务描述】

中国工商银行电子缴税付款凭证 2 如图 2-22 所示。

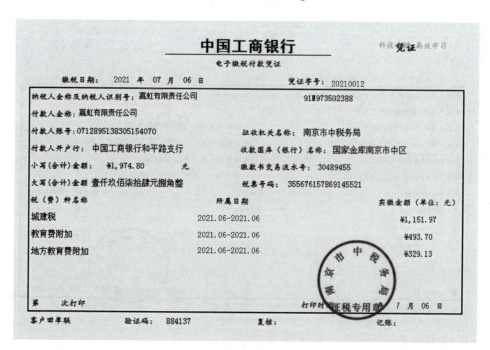

图 2-22

【操作步骤】

记账凭证如图 2-23 所示。

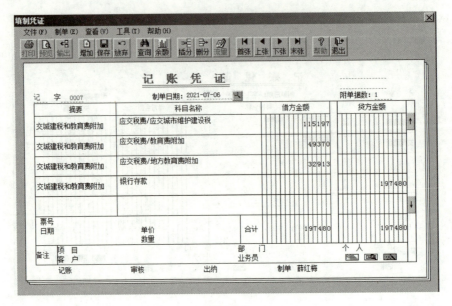

图 2-23

任务 1.8 6 日，交纳个人所得税

任务 1.8

【任务描述】

中国工商银行电子缴税付款凭证 3 如图 2-24 所示。

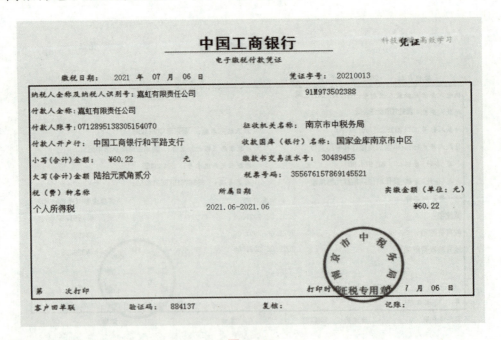

图 2-24

【操作步骤】

记账凭证如图 2-25 所示。

填制凭证

文件(F)　制单(E)　查看(V)　工具(T)　帮助(H)

打印　预览　输出　增加　保存　放弃　查询　余额　插分　删分　流量　首张　上张　下张　末张　帮助　退出

记　账　凭　证

记　字 0008　　制单日期：2021-07-06　　附单据数：1

摘要	科目名称	借方金额	贷方金额
交个人所得税	应交税费/应交个人所得税	6022	
交个人所得税	银行存款		6022
票号 日期	单价 数量	合计 6022	6022
备注 项目 客户	部门 业务员	个人	

记账　　审核　　出纳　　制单　薛红梅

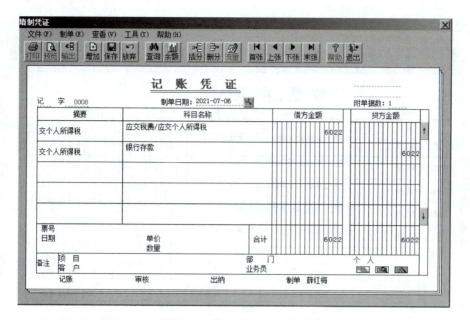

图 2-25

任务 1.9　6 日，交纳社会保险费（网上银行）

任务 1.9

【任务描述】

社会保险费电子转账凭证如图 2-26 所示。

社会保险费电子转账凭证

凭证号：99711196

2021 年 07 月 06 日　　凭证提交号：84865122

申请人	全　称	嘉虹有限责任公司	收款人	全　称	南京市人力资源和社会保障局
	账　号	0712895138305154070		账　号	56898465331212
	开户银行	中国工商银行和平路支行		开户银行	中国工商银行玄武支行
	行　号	006809329145		行　号	0068456123

金额	人民币（大写）	肆万肆仟叁佰肆拾柒元整	亿	千	百	十	万	千	百	十	元	角	分
						¥	4	4	3	4	7	0	0

摘要				
	代扣号：			
	养老小计：	25,536.00		25,536.00
	失业小计：	3,192.00		3,192.00
	医疗小计：	13,795.00		13,795.00
	工伤小计：	912.00		912.00
	生育小计：	912.00		912.00
	合计：	44,347.00	合计：　合计：	44,347.00
备注			打印次数：	

中国工商银行　银行盖章　2021.07.06　业务受理专用章

转账时间：

复核：　　记账：

第二联　缴费单位记账凭证

图 2-26

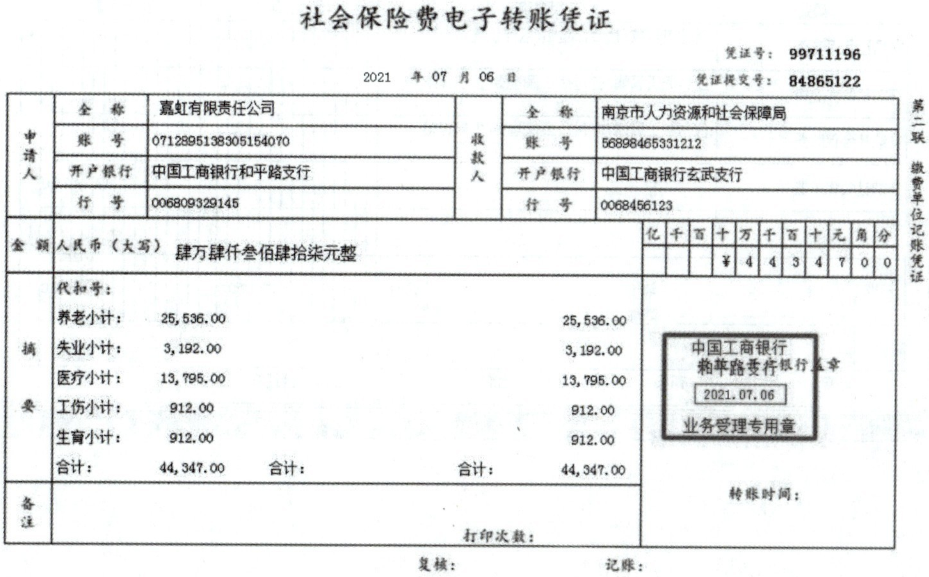

【操作步骤】

记账凭证如图 2-27 和图 2-28 所示。

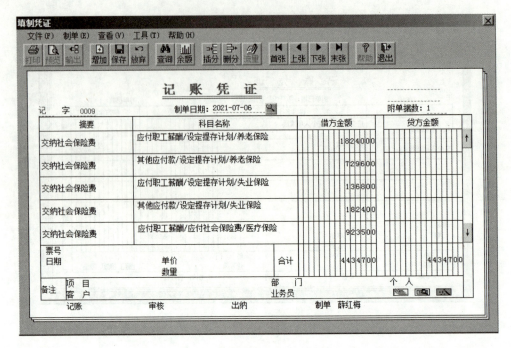

图 2-27

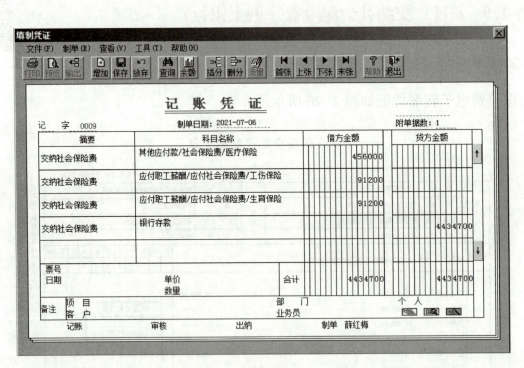

图 2-28

任务 1.10 6 日，交纳住房公积金

【任务描述】

住房公积金汇缴书如图 2-29 所示。

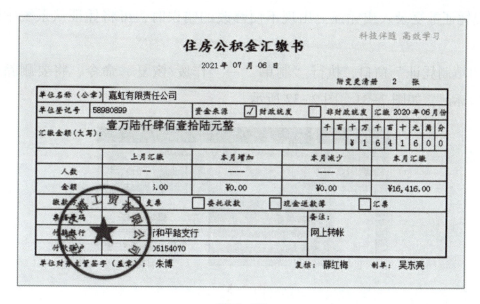

图 2-29

【操作步骤】

记账凭证如图 2-30 所示。

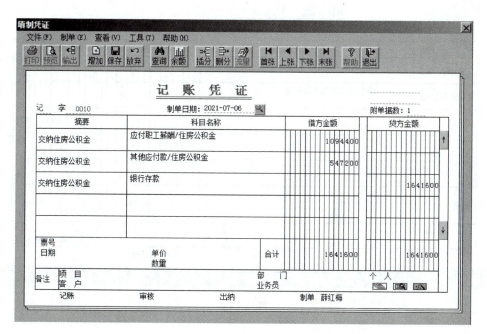

图 2-30

当发现录入完的凭证有错误时,可以直接对未审核的凭证进行修改。在填制凭证状态下找到需要修改的凭证,直接修改即可。可修改的内容包括:摘要、科目、辅助项、金额及方向、增删分录等,但凭证类别不能修改。

未经审核的错误凭证可直接修改,已审核的凭证应先取消记账、审核、出纳签字后再修改,具体操作后续讲解。

如果出现凭证重复录入或凭证上出现不便修改的错误时,可将凭证从系统中删除,删除步骤如下:

(1) 在"填制凭证"窗口,执行"制单"—"作废/恢复"命令,将要删除的错误凭证打上"作废"标记,如图2-31、图2-32所示。

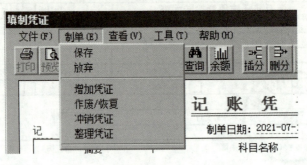

图 2-31

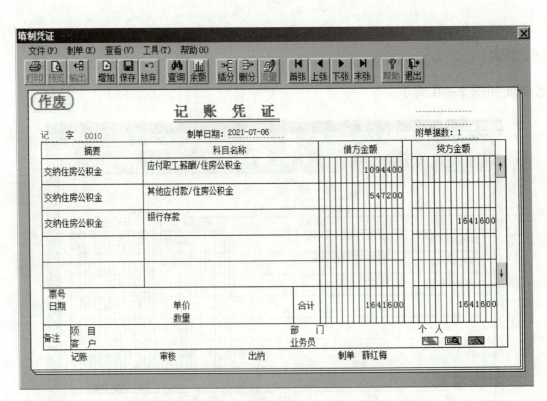

图 2-32

（2）在"填制凭证"窗口，执行"制单"—"整理凭证"命令，选择已作废的凭证，将其从凭证库中彻底删除。有"作废"标记的凭证执行"制单"—"作废/恢复"命令可以取消标记。

另外，可以查询凭证，查询凭证步骤如下：

（1）执行"总账"—"凭证"—"查询凭证"命令，进入"查询凭证"窗口，如图2-33所示。

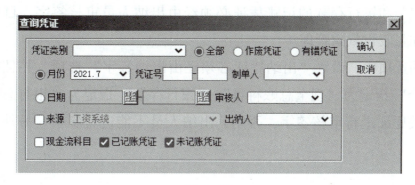

图 2-33

（2）选择凭证类别、月份等信息，进入"查询凭证"对话框，进行凭证查询，如图2-34所示。

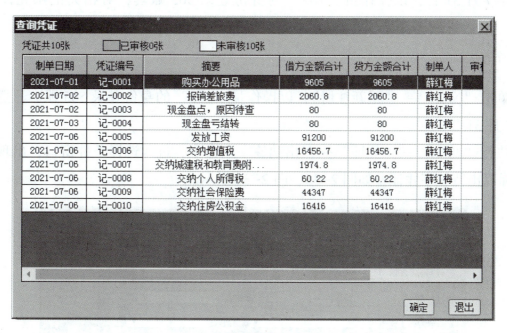

图 2-34

任务 2　出纳签字

【知识准备】

对涉及库存现金和银行存款的记账凭证必须经由出纳人员审核签字，目的是保证收付款凭证的准确性，加强收付款的管理。

在总账模块的选项中，设置"出纳凭证必须经由出纳签字"选项，并且在会计科目设置中，将"库存现金"指定为"现金总账科目"、"银行存款"指定为"银行总账科目"后，出纳人员才能对相关凭证进行审核签字，否则，出纳人员不能进行签字。另外，出纳签字可以随时进行。

任务 2.1　出纳签字

任务 2.1

【任务描述】

2021 年 7 月 31 日，以操作员"103"的身份登录 505 账套，对相关记账凭证进行出纳签字。

【操作步骤】

（1）单击"文件"—"重新注册"，以操作员"103"的身份登录 505 账套，登录日期为"2021 年 7 月 31 日"。

（2）执行"总账"—"凭证"—"出纳签字"命令，进入选择条件窗口，出现凭证一览表，用鼠标双击待签字凭证，如图 2-35、图 2-36 所示。

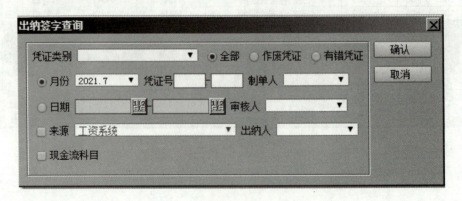

图 2-35

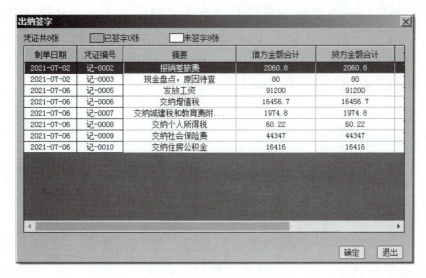

图 2-36

（3）执行"出纳"—"签字"或"成批出纳签字"命令，即可完成出纳签字，如图 2-37、图 2-38 所示。

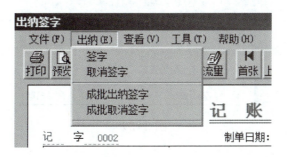

图 2-37

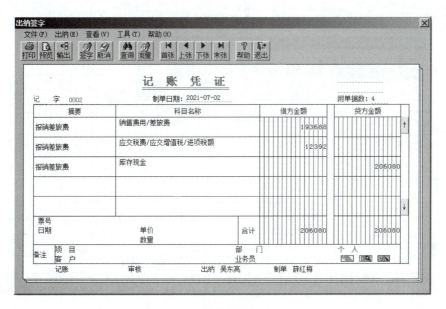

图 2-38

"签字"命令是每执行一次签字1张,而"成批出纳签字"命令是执行之后即对所有的收付款凭证进行签字,单击"取消签字"或"成批取消签字"命令可以取消签字。

任务 2.2 取消出纳签字

任务 2.2

【任务描述】

2021年7月31日,以操作员"103"的身份登录505账套,取消出纳签字。

【操作步骤】

执行"总账"—"凭证"—"出纳签字"命令,进入选择条件窗口,出现凭证一览表,用鼠标双击要取消签字的凭证,进入出纳签字窗口,单击"签字"—"取消签字"或"成批取消签字",屏幕弹出"成批取消签字结果表",单击"确认"按钮,如图2-39、图2-40所示。

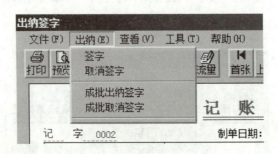

图 2-39

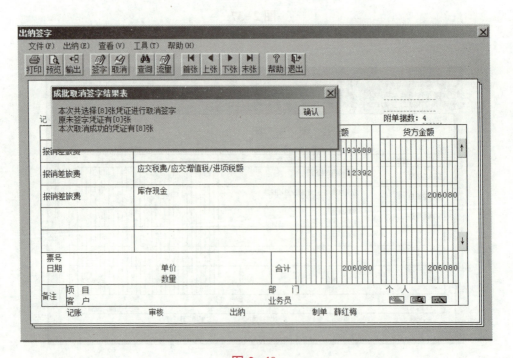

图 2-40

任务 3 审核凭证

【知识准备】

凭证审核是由具有凭证审核权限的操作员按照会计制度的规定，对制单人填制的记账凭证进行审核，确保凭证的合法性和准确性。

根据会计内部控制制度的要求，审核人和制单人不能为同一人。

任务 3.1 审核记账凭证

【任务描述】

任务 3.1

2021 年 7 月 31 日，以操作员"101"的身份登录 505 账套，对记账凭证进行审核。

【操作步骤】

（1）单击"文件"—"重新注册"，以操作员"101"的身份登录 505 账套，登录日期为"2021 年 7 月 31 日"。

（2）执行"总账"—"凭证"—"审核凭证"命令，进入选择条件窗口，出现凭证一览表，用鼠标双击待审核凭证，执行"审核"—"审核凭证"或"成批审核凭证"命令，即可完成凭证审核，再次单击"取消"命令即可取消审核，审核凭证可以随时进行，如图 2-41～图 2-43 所示。

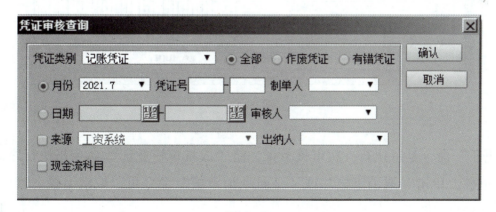

图 2-41

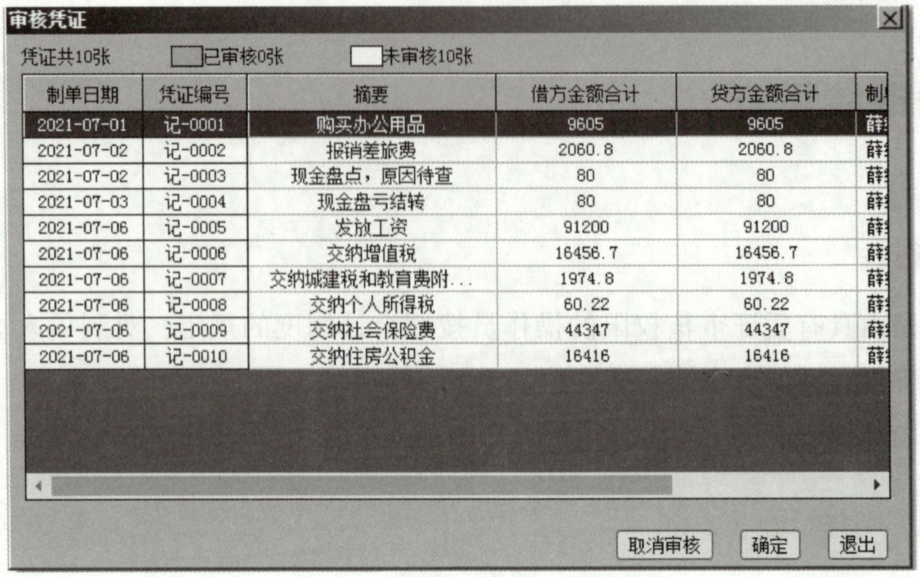

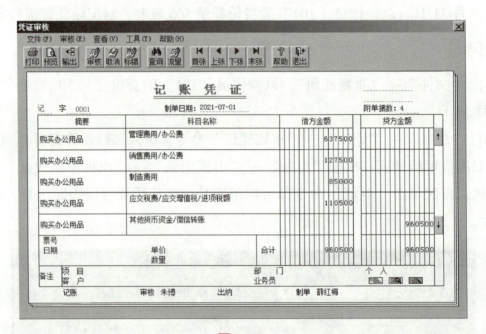

图 2-42

图 2-43

"审核凭证"命令是每执行一次审核1张,而"成批审核凭证"命令是执行之后即对所有的凭证进行审核,单击"取消审核"或"成批取消审核"命令可以取消审核。

任务 3.2　取消审核凭证

【任务描述】

2021年7月31日,以操作员"101"的身份登录505账套,取消审核。

任务 3.2

项目二 总账业务处理

【操作步骤】

执行"总账"—"凭证"—"审核凭证"命令,进入选择条件窗口,出现凭证一览表,用鼠标双击要取消审核的凭证,进入凭证审核窗口,单击"审核"—"取消审核"或"成批取消审核",屏幕弹出"取消审核成功!",如图 2-44、图 2-45 所示。

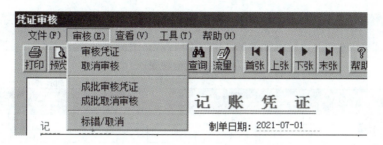

图 2-44

图 2-45

任务 4 查询科目发生额及余额

任务 查询账簿

【任务描述】

查询 505 账套 2021 年 7 月份账户发生额及余额。

任务 4.1

71

【操作步骤】

执行“总账”—“账簿查询”—“余额表”命令，进入“发生金额查询条件”窗口，选择月份“2021 年 7 月”，单击“确定”按钮，即可查询本月各账户发生额及余额，如图 2-46 所示。

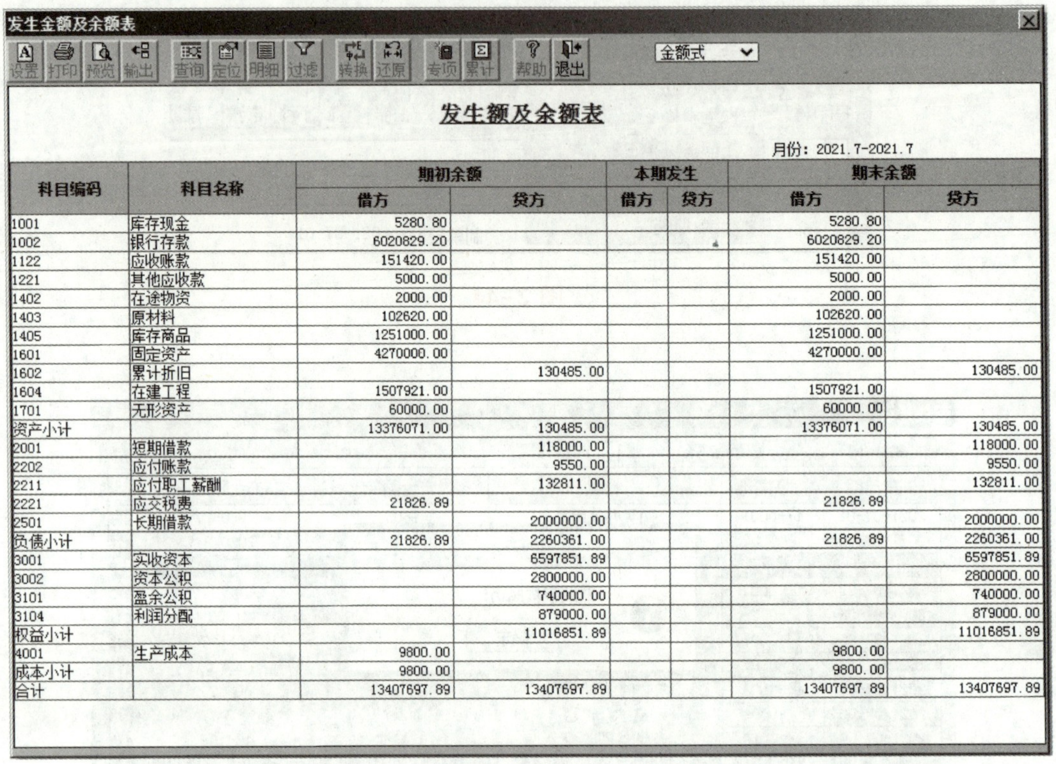

发生额及余额表

月份：2021.7-2021.7

科目编码	科目名称	期初余额		本期发生		期末余额	
		借方	贷方	借方	贷方	借方	贷方
1001	库存现金	5280.80				5280.80	
1002	银行存款	6020829.20				6020829.20	
1122	应收账款	151420.00				151420.00	
1221	其他应收款	5000.00				5000.00	
1402	在途物资	2000.00				2000.00	
1403	原材料	102620.00				102620.00	
1405	库存商品	1251000.00				1251000.00	
1601	固定资产	4270000.00				4270000.00	
1602	累计折旧		130485.00				130485.00
1604	在建工程	1507921.00				1507921.00	
1701	无形资产	60000.00				60000.00	
资产小计		13376071.00	130485.00			13376071.00	130485.00
2001	短期借款		118000.00				118000.00
2202	应付账款		9550.00				9550.00
2211	应付职工薪酬		132811.00				132811.00
2221	应交税费	21826.89				21826.89	
2501	长期借款		2000000.00				2000000.00
负债小计		21826.89	2260361.00			21826.89	2260361.00
3001	实收资本		6597851.89				6597851.89
3002	资本公积		2800000.00				2800000.00
3101	盈余公积		740000.00				740000.00
3104	利润分配		879000.00				879000.00
权益小计			11016851.89				11016851.89
4001	生产成本	9800.00				9800.00	
成本小计		9800.00				9800.00	
合计		13407697.89	13407697.89			13407697.89	13407697.89

图 2-46

任务 5 记账

【知识准备】

在总账模块中，审核记账凭证无误后就可以记账了。在会计电算化软件中，记账时按照设定的程序自动进行，操作比手工处理简单得多，在畅捷教育云平台中，记账可以随时进行。

任务 登记账簿

任务 5.1

【任务描述】

2021 年 7 月 31 日，以操作员“102”的身份登录 505 账套，完成记账。

【操作步骤】

（1）单击"文件"—"重新注册"，以"102"的身份登录505账套，登录日期为"2021年7月31日"。

（2）执行"总账"—"凭证"—"记账"命令，进入"记账"窗口，如图2-47所示。

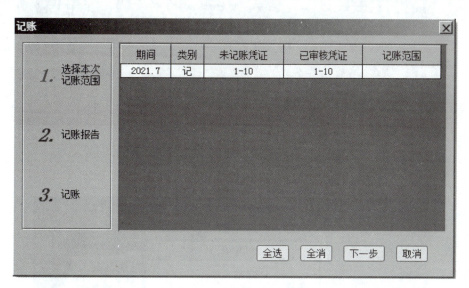

图 2-47

（3）单击"下一步"按钮，如图2-48所示。

图 2-48

（4）继续单击"下一步"按钮，单击"记账"按钮，第一次记账时会提示期初试算平衡，单击"确认"按钮，完成记账，如图2-49、图2-50所示。

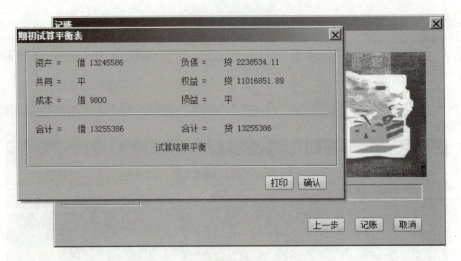

图 2-49

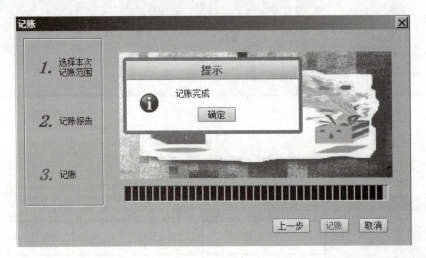

图 2-50

记账完成后，可以利用账簿查询功能，通过“总账”—“账簿查询”命令查询各种总账和明细账。以“应交增值税——未交增值税”和“管理费用——办公费”明细账为例，记账完成后查询账簿的结果，如图 2-51 和图 2-52 所示。

2021年 月	日	凭证号	摘要	对方科目	借方	贷方	方向	余额
07			期初余额				贷	16456.70
07	06	记-6	交纳增值税	1002	16456.7		平	
07			当前合计（月净额：-16456.70）		16456.7		平	
07			当前累计		16456.7		平	

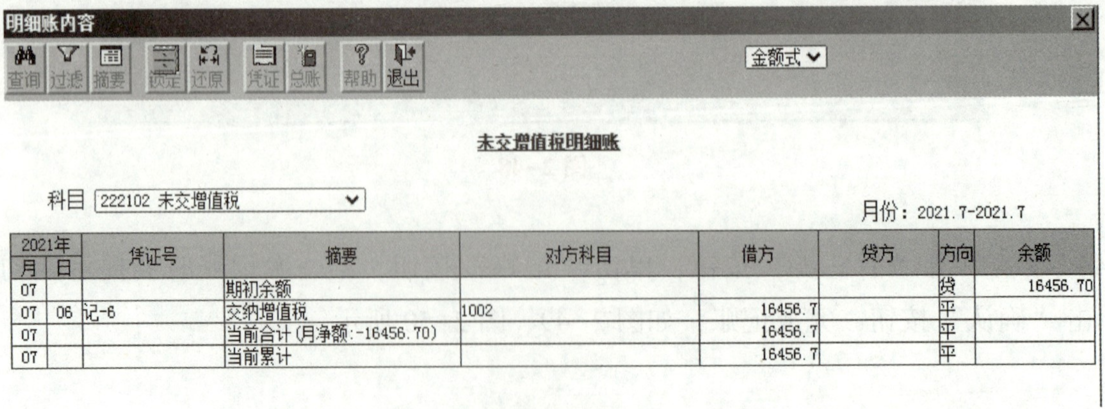

图 2-51

图 2-52

同步练习

一、单选题

1. 若总账选项中设置了"出纳凭证必须经由出纳签字",需设置（　　）科目。

A. 应收账款　　　　　　　　B. 应付账款

C. 银行存款　　　　　　　　D. 其他应收款

同步练习答案

2. 下列不属于凭证表头内容的是（　　）。

A. 凭证类别　　　　　　　　B. 凭证编号

C. 制单日期　　　　　　　　D. 摘要

3. 下列关于审核操作,错误的说法是（　　）。

A. 审核人必须具有审核权

B. 作废凭证不能被审核,也不能被标错

C. 审核人和制单人可以是同一个人

D. 凭证已经审核,不能被直接修改、删除

4. 记账操作每月可进行（　　）。

A. 一次　　　　　　　　　　B. 二次

C. 三次　　　　　　　　　　D. 多次

5. 以下凭证不需要进行出纳签字的有（　　）。

A. 收款凭证　　　　　　　　B. 付款凭证

C. 转账凭证　　　　　　　　D. 以上都是

6. 取消凭证审核应执行（　　）命令。
   A. 审核—凭证审核
   B. 审核—取消审核
   C. 出纳—凭证审核
   D. 出纳—成批取消审核

7. 填制凭证时正确的做法是（　　）。
   A. 会计科目必须为末级科目
   B. 费用类科目必须在借方录入
   C. 辅助核算的科目可以不填
   D. 收入类科目必须在贷方

8. 下列说法正确的是（　　）。
   A. 凭证日期可以不序时
   B. 出纳签字和凭证审核可以为同一人
   C. 出纳签字之前必须指定科目
   D. 已经记账的凭证不能再修改

9. 填制凭证时，以下各项可以不录入的有（　　）。
   A. 摘要
   B. 日期
   C. 附件张数
   D. 金额

10. 初次记账时，系统会显示（　　）。
    A. 期初试算平衡
    B. 本期发生额
    C. 本期余额
    D. 本期试算平衡

二、多选题

1. 填制凭证时，凭证表体包括的内容有（　　）。
   A. 摘要
   B. 科目
   C. 金额
   D. 附单据数

2. 填制凭证时，确定科目的办法有（　　）。
   A. 可输入科目编码
   B. 可输入科目名称
   C. 可输入助记码
   D. 可选择输入

3. 凭证一旦保存，下列（　　）不能修改。
   A. 凭证类别
   B. 凭证编号
   C. 摘要
   D. 辅助信息

4. 在报表系统中的资产负债表中，可录入关键字的项目有（　　）。
   A. 单位名称
   B. 单位编号
   C. 年份
   D. 月份

5. 日常业务处理的任务中，（　　）是必须进行的操作。
   A. 填制凭证
   B. 审核凭证
   C. 记账
   D. 出纳签字

6. 更换操作员的方法有（　　）。

A. 单击"文件"—"重新注册"命令

B. 状态栏双击，重新注册

C. 退出系统，重新登录

D. 单击"更换操作员"命令

7. 以下审核凭证操作正确的是（　　）。

A. 执行"审核"—"凭证审核"命令

B. 执行"出纳"—"凭证审核"命令

C. 执行"审核"—"成批审核凭证"命令

D. 执行"出纳"—"凭证审核"命令

8. 以下出纳签字操作正确的是（　　）。

A. 执行"审核"—"凭证审核"命令

B. 执行"出纳"—"出纳签字"命令

C. 执行"审核"—"成批审核凭证"命令

D. 执行"出纳"—"成批出纳签字"命令

9. 进行凭证修改时，正确的操作是（　　）。

A. 未审核的凭证可以直接进行修改

B. 已审核的凭证需取消审核后方可修改

C. 已记账的凭证不能进行修改

D. 已进行出纳签字的凭证取消出纳签字后方可修改

10. 填制凭证时，以下必须录入的有（　　）。

A. 凭证日期　　　　　　　　　　　　B. 附件张数

C. 摘要　　　　　　　　　　　　　　D. 会计科目

三、判断题

1. 填制凭证时，金额不能为"零"，红字以"-"号表示。　　　　　　　　　　（　　）

2. 会计制度规定，审核与制单不能为同一人。　　　　　　　　　　　　　　（　　）

3. 只有审核后的凭证才能执行记账操作。　　　　　　　　　　　　　　　　（　　）

4. 出纳签字是对所有记账凭证进行签字。　　　　　　　　　　　　　　　　（　　）

5. 审核后的凭证不能再进行修改。　　　　　　　　　　　　　　　　　　　（　　）

6. 出纳签字必须在指定会计科目后才能进行。　　　　　　　　　　　　　　（　　）

7. 填制凭证时日期必须序时。　　　　　　　　　　　　　　　　　　　　　（　　）

8. 设置辅助核算的科目，在填制凭证时必须录入辅助核算内容。　　　　　　（　　）

9. 填制凭证前必须进行凭证类别设置。　　　　　　　　　　　　(　　)
10. 期初试算不平衡，不影响当期记账。　　　　　　　　　　　(　　)

四、简答题

1. 凭证填制的内容包括哪些？
2. 出纳签字和审核凭证有哪些区别？

项目三

工资和固定资产管理

技能目标

1. 了解工资管理系统与固定资产管理系统的基本功能；
2. 熟悉工资管理系统与固定资产管理系统的工作流程；
3. 能够正确设置工资与固定资产的初始数据；
4. 能够对本月工资数据进行录入与管理，进行工资业务处理；
5. 能够完成固定资产业务处理；
6. 培养学生内部控制与管理意识。

任务 1　工资管理系统初始设置

任务 1.1　工资管理系统初始化

建立工资账套（表 3-1），完成工资管理系统初始化。

表 3-1　工资账套

参数设置	工资类别个数：单个； 币别名称：人民币
扣税设置	从工资中代扣个人所得税
扣零设置	不进行扣零处理

续表

人员编码	人员编码长度：3 位； 本账套的启用日期：2021-07-01

任务 1.2　人员类别设置

人员类别包括"管理人员""财务人员""采购人员""销售人员""生产塑胶玩具""生产宠物玩具""生产玩具乐器"。

任务 1.2

任务 1.3　输入人员档案

人员档案如表 3-2 所示。

任务 1.3

表 3-2　人员档案

部门名称	人员编号	人员姓名	人员类别	账号	中方人员	是否计税
经理室	111	杨云天	管理人员	00000000111	是	是
经理室	112	马国力	管理人员	00000000112	是	是
经理室	113	蒋志权	管理人员	00000000113	是	是
办公室	211	许可	管理人员	00000000211	是	是
办公室	212	罗中珊	管理人员	00000000212	是	是
财务部	311	朱博	财务人员	00000000311	是	是
财务部	312	薛红梅	财务人员	00000000312	是	是
财务部	313	吴东亮	财务人员	00000000313	是	是
采购部	411	王海明	采购人员	00000000411	是	是
采购部	412	郭继红	采购人员	00000000412	是	是
销售部	511	张树	销售人员	00000000511	是	是
销售部	512	蒯连金	销售人员	00000000512	是	是
仓库管理部	611	冯娜	管理人员	00000000611	是	是
仓库管理部	612	郭全怡	管理人员	00000000612	是	是
生产车间	711	宋松	生产塑胶玩具	00000000711	是	是
生产车间	712	李静玲	生产塑胶玩具	00000000712	是	是
生产车间	713	周丽	生产塑胶玩具	00000000713	是	是
生产车间	714	金继楚	生产塑胶玩具	00000000714	是	是
生产车间	715	赵明静	生产宠物玩具	00000000715	是	是

续表

部门名称	人员编号	人员姓名	人员类别	账号	中方人员	是否计税
生产车间	716	王传利	生产宠物玩具	00000000716	是	是
生产车间	717	郭毅	生产宠物玩具	00000000717	是	是
生产车间	718	李大平	生产宠物玩具	00000000718	是	是
生产车间	719	王霞	生产宠物玩具	00000000719	是	是
生产车间	720	吴丽	生产玩具乐器	00000000720	是	是
生产车间	721	景英清	生产玩具乐器	00000000721	是	是
生产车间	722	邓玲	生产玩具乐器	00000000722	是	是
生产车间	723	张泉金	生产玩具乐器	00000000723	是	是
生产车间	724	杨连玉	生产玩具乐器	00000000724	是	是
生产车间	725	苏童	生产玩具乐器	00000000725	是	是

任务 1.4 设置工资项目

工资项目如表 3-3 所示。

任务 1.4

表 3-3 工资项目

工资项目名称	类型	长度	小数	增减项
基本工资	数字	10	2	增项
岗位工资	数字	10	2	增项
日工资	数字	10	2	其他
应发合计	数字	10	2	增项
事假天数	数字	10	2	其他
事假扣款	数字	10	2	减项
病假天数	数字	10	2	其他
病假扣款	数字	10	2	减项
应付工资	数字	10	2	增项
养老保险	数字	10	2	减项
医疗保险	数字	10	2	减项
失业保险	数字	10	2	减项
住房公积金	数字	10	2	减项

续表

工资项目名称	类型	长度	小数	增减项
工会经费	数字	10	2	减项
计税工资	数字	10	2	其他
代扣税	数字	10	2	增项
扣款合计	数字	10	2	减项
实发合计	数字	10	2	增项

任务1.5 设置公式

公式如表3-4所示。

任务1.5

表3-4 公式

岗位工资	iff(人员类别="管理人员"，4 500，iff(人员类别="财务人员"，4 200，iff(人员类别="采购人员"，4 000，iff(人员类别="销售人员"，4 100，3 900))))
应发合计	基本工资+岗位工资
日工资	岗位工资/21
事假扣款	日工资×事假天数
病假扣款	日工资×病假天数×0.5
应付工资	应发合计-事假扣款-病假扣款
养老保险	应发合计×0.08
医疗保险	应发合计×0.05
失业保险	应发合计×0.02
住房公积金	应发合计×0.06
工会经费	应发合计×0.005
计税工资	应发合计-事假扣款-病假扣款-养老保险-医疗保险-失业保险-住房公积金-工会经费
扣款合计	事假扣款+病假扣款+养老保险+医疗保险+失业保险+住房公积金+工会经费+代扣税费
实发合计	应发合计-扣款合计

【操作步骤】

1. 建立工资账套，完成工资初始化

以操作员"101"的身份登录，日期选择"2021-07-31"。初次进入工资子系统，需要建立工资账套，完成工资初始设置。单击"工资"菜单项，打开"建立工资账套"窗口，依次进行参数设置、扣税设置、扣零设置、人员编码设置。

（1）参数设置。本账套所需处理的工资类别个数为单个，币别为人民币，单击"下一步"按钮，如图3-1所示。

图3-1

（2）扣税设置。从工资中代扣个人所得税，单击"下一步"按钮，如图3-2所示。

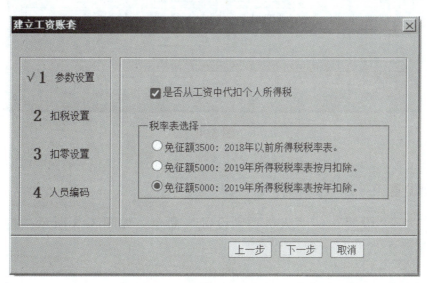

图3-2

(3)扣零设置。不进行扣零处理,单击"下一步"按钮,如图3-3所示。

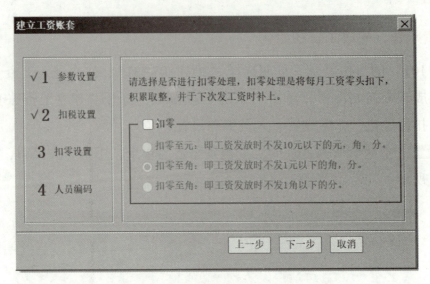

图 3-3

(4)人员编码设置。人员编码长度采用3位,本账套的启用日期为2021-07-01,单击"完成"按钮,如图3-4所示。

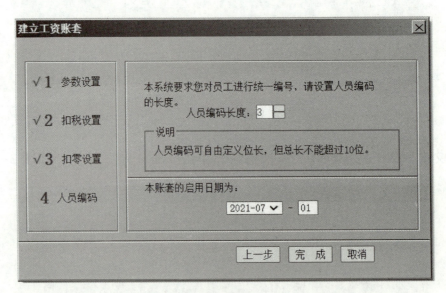

图 3-4

2. 人员类别设置

执行"工资"—"设置"—"人员类别设置"命令,如图3-5所示,打开"人员类别设置"窗口。

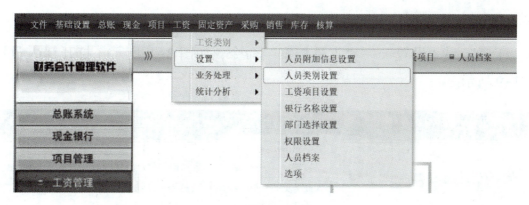

图 3-5

在类别中输入"管理人员",单击"增加"按钮,如图 3-6 所示。

图 3-6

同样的方法依次增加人员类别:"财务人员""采购人员""销售人员""生产塑胶玩具""生产宠物玩具""生产玩具乐器"。设置完成后,单击"返回"按钮,如图 3-7 所示。

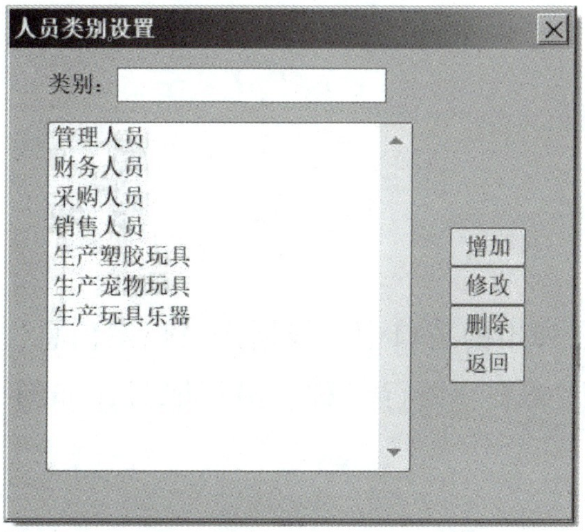

图 3-7

3. 输入人员档案

执行"工资"—"设置"—"人员档案"命令，如图3-8所示，打开"人员档案"窗口，如图3-9所示。

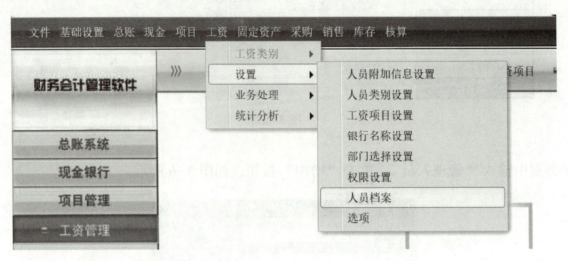

图3-8

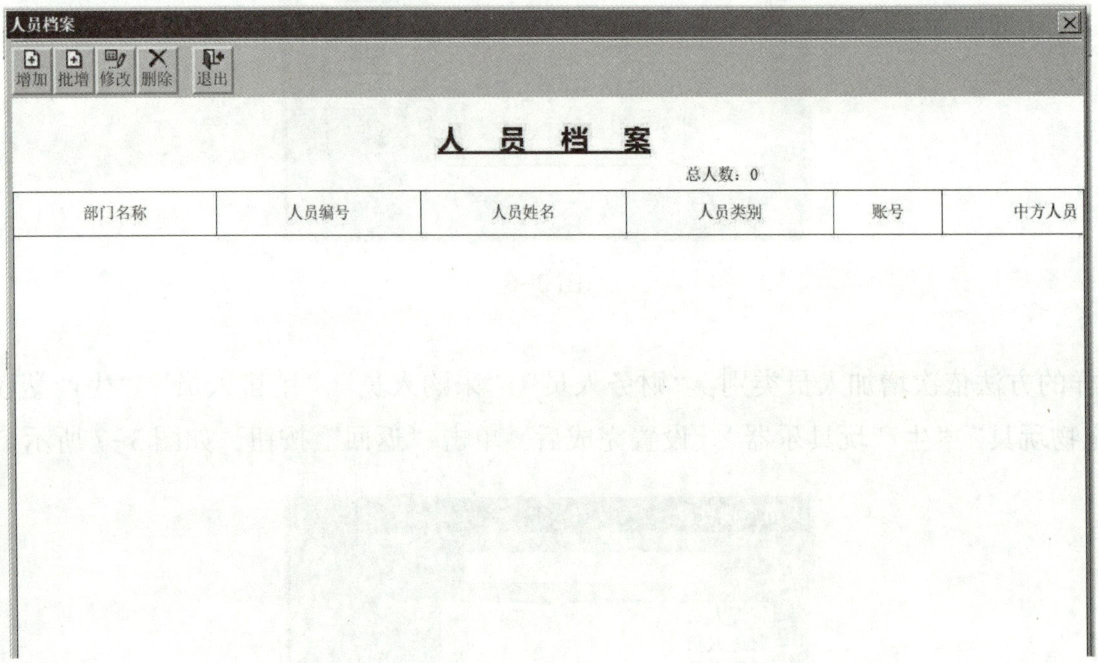

图3-9

单击"增加"按钮，在弹出的窗口中，根据人员档案信息，录入人员编号、人员姓名、部门编码、部门名称、人员类别、银行名称、银行账号，如图3-10所示，单击"确认"按钮。

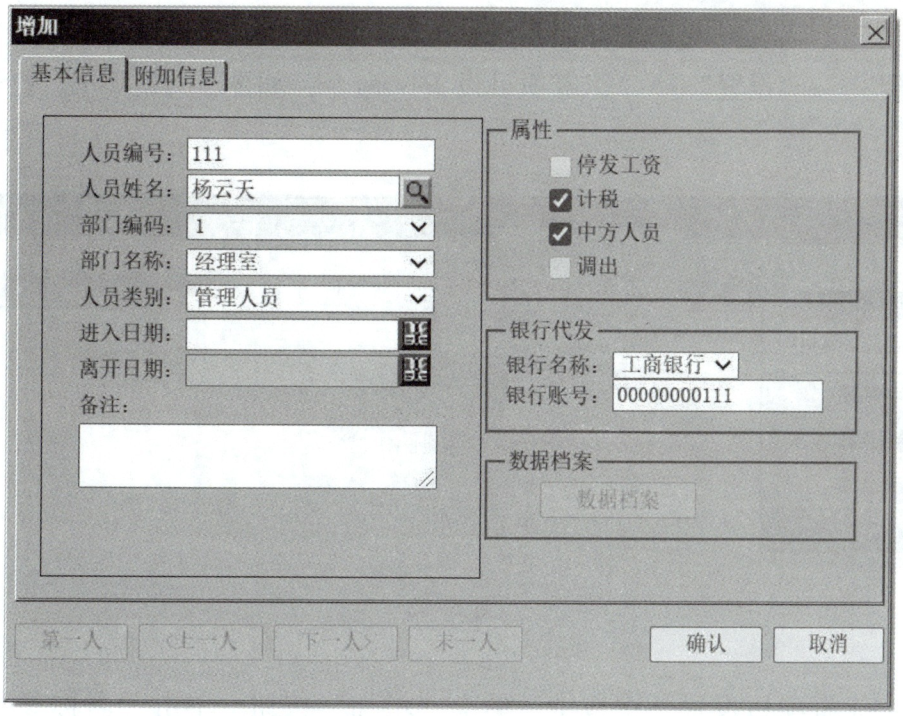

图 3-10

依次录入其他人员档案，全部录入完成后，单击“取消”按钮，返回人员档案，如图 3-11 所示，单击“退出”按钮。

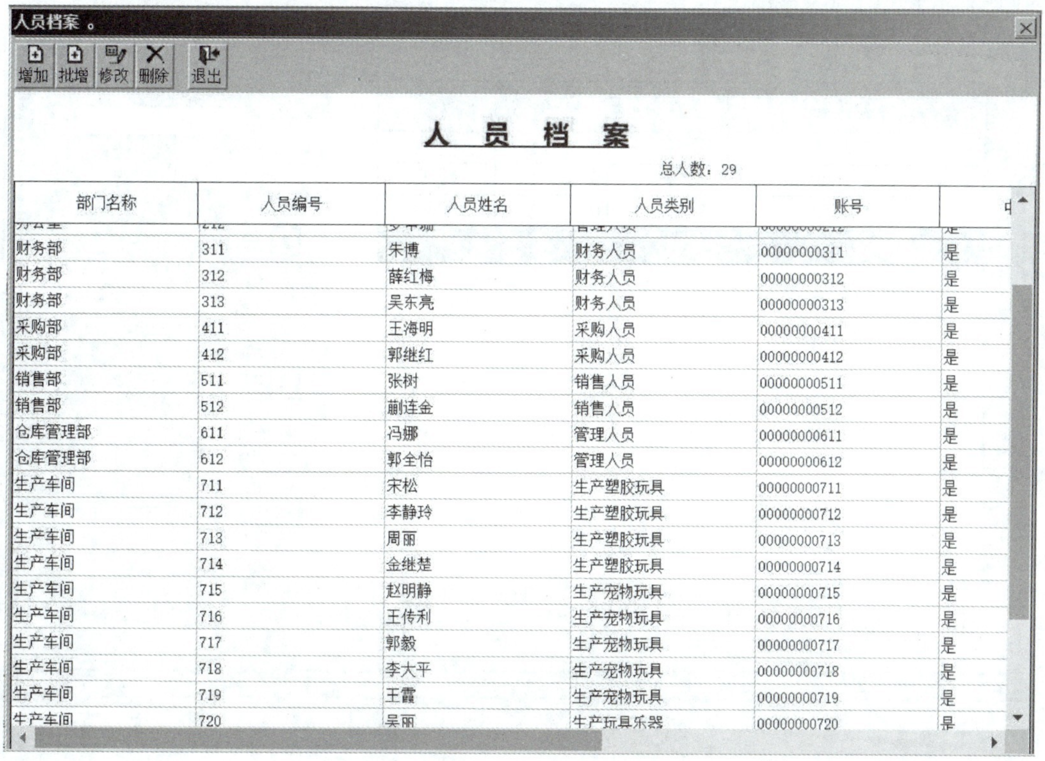

部门名称	人员编号	人员姓名	人员类别	账号	中
财务部	311	朱博	财务人员	00000000311	是
财务部	312	薛红梅	财务人员	00000000312	是
财务部	313	吴东亮	财务人员	00000000313	是
采购部	411	王海明	采购人员	00000000411	是
采购部	412	郭继红	采购人员	00000000412	是
销售部	511	张树	销售人员	00000000511	是
销售部	512	蒯连金	销售人员	00000000512	是
仓库管理部	611	冯娜	管理人员	00000000611	是
仓库管理部	612	郭全怡	管理人员	00000000612	是
生产车间	711	宋松	生产塑胶玩具	00000000711	是
生产车间	712	李静玲	生产塑胶玩具	00000000712	是
生产车间	713	周丽	生产塑胶玩具	00000000713	是
生产车间	714	金继楚	生产塑胶玩具	00000000714	是
生产车间	715	赵明静	生产宠物玩具	00000000715	是
生产车间	716	王传利	生产宠物玩具	00000000716	是
生产车间	717	郭毅	生产宠物玩具	00000000717	是
生产车间	718	李大平	生产宠物玩具	00000000718	是
生产车间	719	王霞	生产宠物玩具	00000000719	是
生产车间	720	吴丽	生产玩具乐器	00000000720	是

图 3-11

4. 设置工资项目

执行"工资"—"设置"—"工资项目设置"命令,如图 3-12 所示。打开"工资项目设置"窗口。

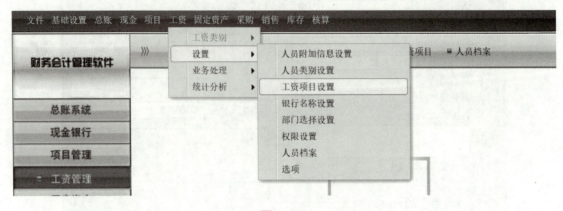

图 3-12

在打开的"工资项目设置"窗口中,单击"增加"按钮,单击"名称参照",选择工资项目为"基本工资",根据工资项目内容,设置类型、长度、小数、增减项,如图 3-13 所示。单击"移动"向上按钮,将"基本工资"移到最上方,如图 3-14 所示。

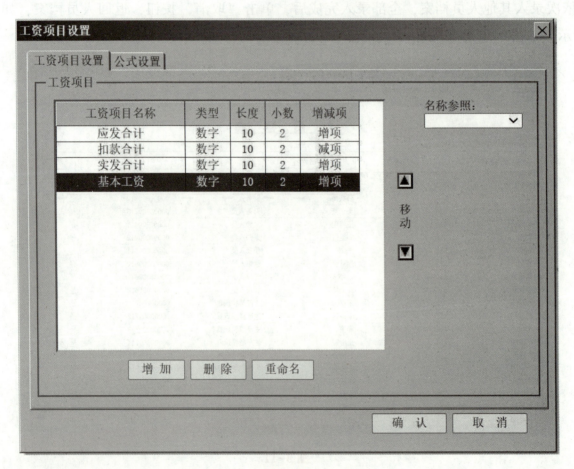

图 3-13

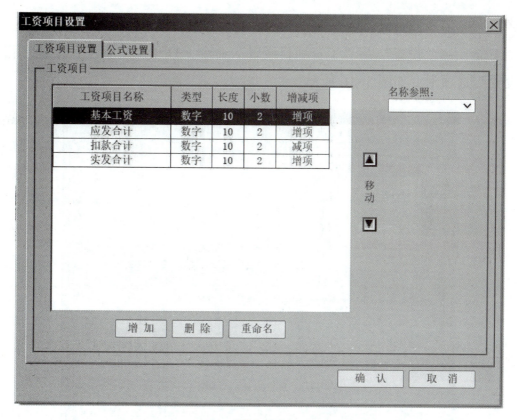

图 3-14

依次增加其他工资项目，全部录入完成后，单击"确认"按钮，如图 3-15 所示。

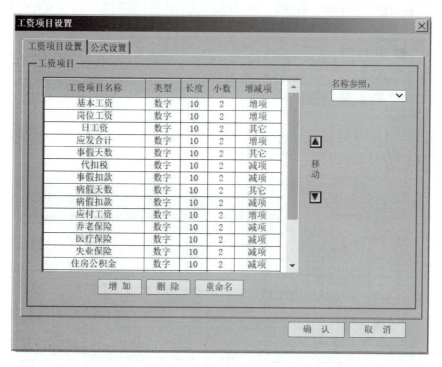

图 3-15

5. 设置公式

执行"工资"—"设置"—"工资项目设置"命令，打开"工资项目设置"窗口，切换到"公式设置"选项卡，如图3-16所示。

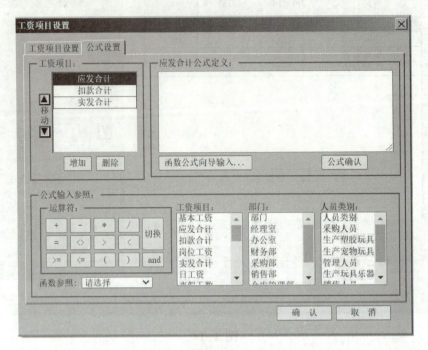

图3-16

单击左侧工资项目的"增加"按钮，从下拉菜单中选择岗位工资，如图3-17所示。

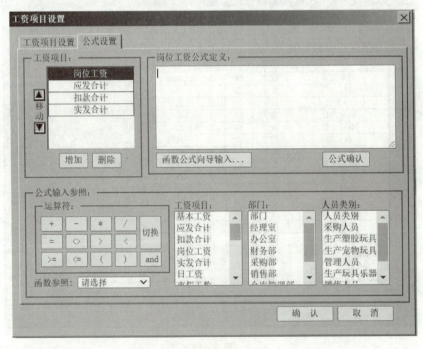

图3-17

在岗位工资公式定义区域,单击"函数公式向导输入"按钮,打开函数向导,选择函数名"iff",单击"下一步"按钮,如图3-18所示。

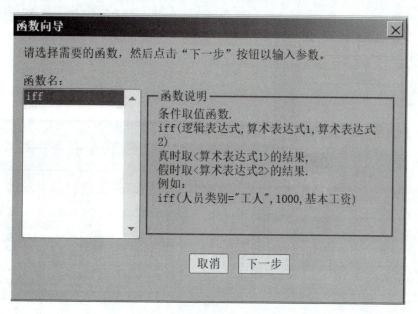

图3-18

在iff函数向导中,单击"逻辑表达式"右侧放大镜,选择人员类别为"管理人员","算术表达式1"输入4 500,如图3-19所示,单击"完成"按钮,返回"公式设置"。将光标移动到4 500后面的逗号后,如图3-20所示。

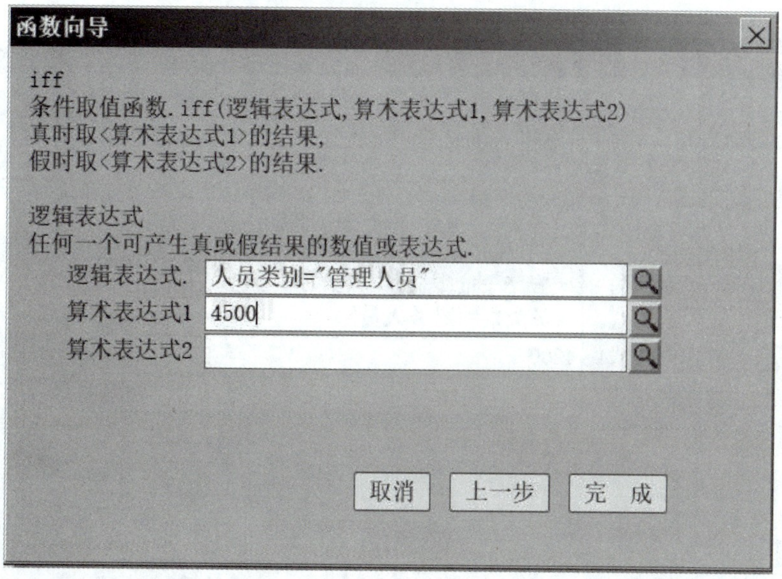

图3-19

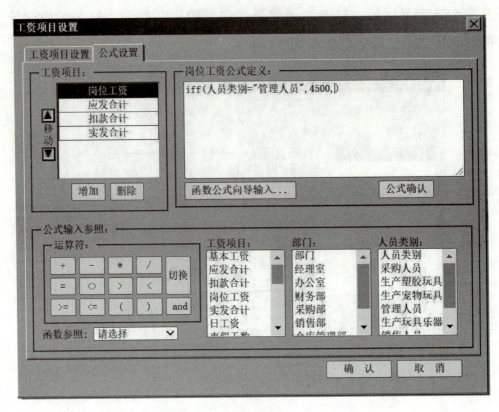

图 3-20

单击"函数向导"按钮,"逻辑表达式"选择人员类别为"财务人员","算术表达式 1"输入 4 200,如图 3-21 所示,单击"完成"按钮,返回"公式设置"。

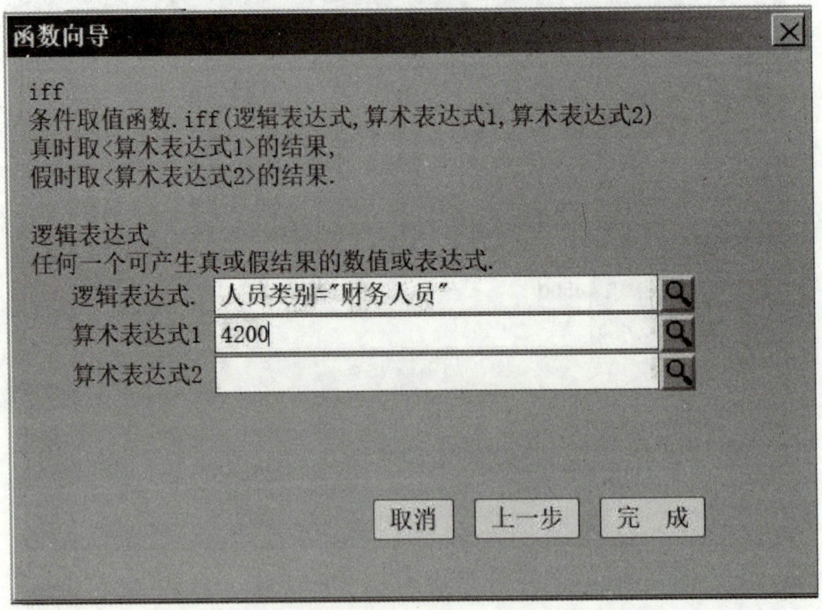

图 3-21

将光标移动到 4 200 后面的逗号后，如图 3-22 所示。

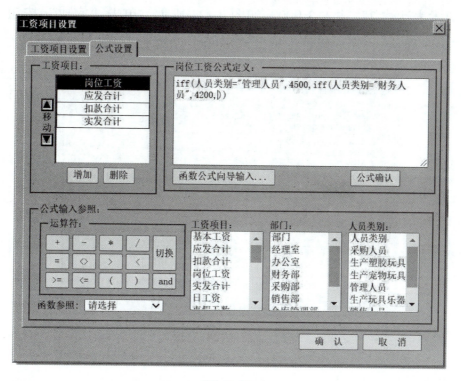

图 3-22

用同样的方式录入采购人员岗位工资，如图 3-23 所示。将光标移动到 4 000 后面的逗号后。

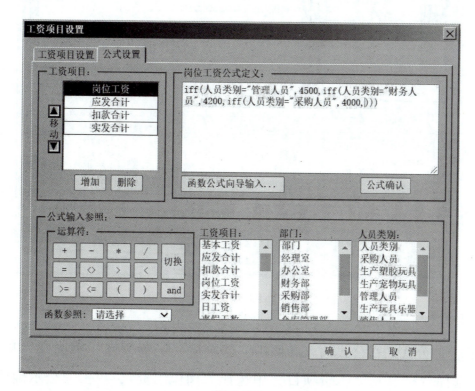

图 3-23

单击"函数向导"按钮,"逻辑表达式"选择人员类别为"销售人员","算术表达式1"输入4 100,"算术表达式2"输入3 900,如图3-24所示。单击"完成"按钮,返回"公式设置"。单击"公示确认",完成岗位工资公式定义,如图3-25所示。

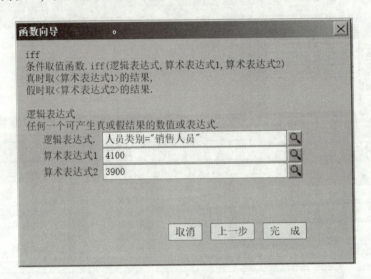

图 3-24

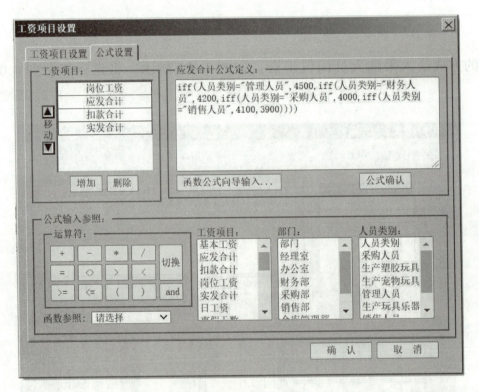

图 3-25

设置应发合计公式。在公式输入参照中,依次从"工资项目"中选择"基本工资",从"运算符"中选择"+",从"工资项目"中选择"岗位工资",单击"公示确认"按钮,完成应发合计公式定义,如图3-26所示。

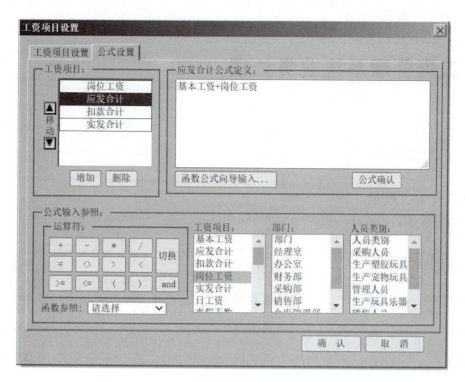

图 3-26

用同样的方法录入其他公式。全部公式设置完成后，单击"确认"按钮，如图 3-27 所示。

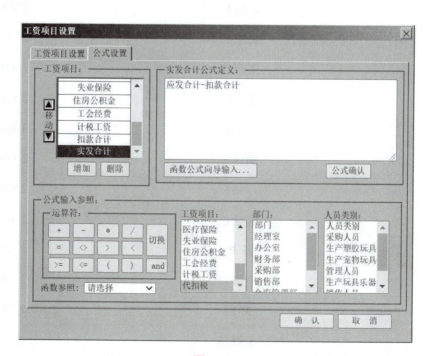

图 3-27

任务 2 工资管理系统业务处理

任务 2.1 工资输入

任务 2.1

基本工资如表 3-5 所示。

表 3-5 基本工资

职员编号	职员名称	基本工资/元
111	杨云天	3 200
112	马国力	3 000
113	蒋志权	3 000
211	许可	2 900
212	罗中珊	2 900
311	朱博	2 900
312	薛红梅	2 800
313	吴东亮	2 800
411	王海明	2 850
412	郭继红	2 800
511	张树	2 850
512	蒯连金	2 800
611	冯娜	2 800
612	郭全怡	2 750
711	宋松	2 800
712	李静玲	2 750
713	周丽	2 750
714	金继楚	2 750
715	赵明静	2 800
716	王传利	2 750

续表

职员编号	职员名称	基本工资/元
717	郭毅	2 750
718	李大平	2 750
719	王霞	2 750
720	吴丽	2 800
721	景英清	2 750
722	邓玲	2 750
723	张泉金	2 750
724	杨连玉	2 750
725	苏童	2 750

任务 2.2　计算汇总工资

考勤表如表 3-6 所示。

任务 2.2

表 3-6　考勤表

2021 年 7 月考勤表　　　　　　　　　　　　　　　　2021.7.31

人员编号	姓名	部门	事假天数	病假天数
111	杨云天	经理室		
112	马国力	经理室	1	
113	蒋志权	办公室		
211	许可	办公室		
212	罗中珊	财务部		
311	朱博	财务部		
312	薛红梅	财务部		
313	吴东亮	采购部		2
411	王海明	采购部		
412	郭继红	销售部		
511	张树	销售部		
512	蒯连金	仓库管理部		

续表

人员编号	姓名	部门	事假天数	病假天数
611	冯娜	仓库管理部		
612	郭全怡	生产车间		
711	宋松	生产车间		
712	李静玲	生产车间		
713	周丽	生产车间		
714	金继楚	生产车间	2	
715	赵明静	生产车间		
716	王传利	生产车间		
717	郭毅	生产车间		
718	李大平	生产车间		
719	吴丽	生产车间		3
720	张泉金	生产车间		
721	景英清	生产车间		
722	邓玲	生产车间		
合计			3	5

任务2.3　工资分摊

计提比例：100%；项目：应付工资。工资分摊构成如下（表3-7）。

任务2.3

表3-7　工资分摊

部门名称	人员类别	项目	借方科目	贷方科目
经理室、办公室、仓库管理部	管理人员	应付工资	560203	221101
财务部	财务人员	应付工资	560203	221101
采购部	采购人员	应付工资	560203	221101
销售部	销售人员	应付工资	560103	221101
生产车间	生产玩具乐器	应付工资	400102	221101
生产车间	生产宠物玩具	应付工资	400102	221101
生产车间	生产塑胶玩具	应付工资	400102	221101

要求：分配到部门，明细到工资项目；合并科目相同、辅助项相同的分录。

任务 2.4 分摊社会保险

任务 2.4

分摊社保如表 3-8 所示。

表 3-8 分摊社保

分摊类型	计提比例	部门名称	人员类别	项目	借方科目	贷方科目
分摊养老保险	12%	经理室、办公室、仓库管理部	管理人员	应付工资	560205	22110501
		财务部	财务人员	应付工资	560205	22110501
		采购部	采购人员	应付工资	560205	22110501
		销售部	销售人员	应付工资	560105	22110501
		生产车间	生产玩具乐器	应付工资	400102	22110501
		生产车间	生产宠物玩具	应付工资	400102	22110501
		生产车间	生产塑胶玩具	应付工资	400102	22110501
分摊医疗保险	8%	经理室、办公室、仓库管理部	管理人员	应付工资	560205	22110401
		财务部	财务人员	应付工资	560205	22110401
		采购部	采购人员	应付工资	560205	22110401
		销售部	销售人员	应付工资	560105	22110401
		生产车间	生产玩具乐器	应付工资	400102	22110401
		生产车间	生产宠物玩具	应付工资	400102	22110401
		生产车间	生产塑胶玩具	应付工资	400102	22110401
分摊失业保险	1%	经理室、办公室、仓库管理部	管理人员	应付工资	560205	22110502
		财务部	财务人员	应付工资	560205	22110502
		采购部	采购人员	应付工资	560205	22110502
		销售部	销售人员	应付工资	560105	22110502
		生产车间	生产玩具乐器	应付工资	400102	22110502
		生产车间	生产宠物玩具	应付工资	400102	22110502
		生产车间	生产塑胶玩具	应付工资	400102	22110502

续表

分摊类型	计提比例	部门名称	人员类别	项目	借方科目	贷方科目
分摊工伤保险	0.8%	经理室、办公室、仓库管理部	管理人员	应付工资	560205	22110403
		财务部	财务人员	应付工资	560205	22110403
		采购部	采购人员	应付工资	560205	22110403
		销售部	销售人员	应付工资	560105	22110403
		生产车间	生产玩具乐器	应付工资	400102	22110403
		生产车间	生产宠物玩具	应付工资	400102	22110403
		生产车间	生产塑胶玩具	应付工资	400102	22110403
分摊生育保险	0.8%	经理室、办公室、仓库管理部	管理人员	应付工资	560205	22110402
		财务部	财务人员	应付工资	560205	22110402
		采购部	采购人员	应付工资	560205	22110402
		销售部	销售人员	应付工资	560105	22110402
		生产车间	生产玩具乐器	应付工资	400102	22110402
		生产车间	生产宠物玩具	应付工资	400102	22110402
		生产车间	生产塑胶玩具	应付工资	400102	22110402

要求：分配到部门，明细到工资项目；合并科目相同、辅助项相同的分录。

任务 2.5　计提住房公积金

计提住房公积金如表 3-9 所示。

任务 2.5

表 3-9　计提住房公积金

分摊类型	计提比例	部门名称	人员类别	项目	借方科目	贷方科目
分摊住房公积金	6%	经理室、办公室、仓库管理部	管理人员	应付工资	560206	221106
		财务部	财务人员	应付工资	560206	221106
		采购部	采购人员	应付工资	560206	221106
		销售部	销售人员	应付工资	560106	221106
		生产车间	生产玩具乐器	应付工资	400102	221106
		生产车间	生产宠物玩具	应付工资	400102	221106
		生产车间	生产塑胶玩具	应付工资	400102	221106

要求：分配到部门，明细到工资项目；合并科目相同、辅助项相同的分录。

【操作步骤】

1. 工资输入

以操作员"102"的身份登录，日期选择"2021-07-31"。

执行"工资"—"业务处理"—"工资变动"命令，如图3-28所示。

图 3-28

打开"工资变动"窗口，根据员工工资资料，分别录入每一员工的基本工资，如图3-29所示。

人员编号	姓名	部门	人员类别	基本工资	岗位工资	日工资	应发合计
511	张树	销售部	销售人员	2850			
512	蓟连金	销售部	销售人员	2800			
611	冯娜	仓库管理部	管理人员	2800			
612	郭全怡	仓库管理部	管理人员	2750			
711	宋松	生产车间	生产塑胶玩具	2800			
712	李静玲	生产车间	生产塑胶玩具	2750			
713	周丽	生产车间	生产塑胶玩具	2750			
714	金继楚	生产车间	生产塑胶玩具	2750			
715	赵明静	生产车间	生产宠物玩具	2800			
716	王传利	生产车间	生产宠物玩具	2750			
717	郭毅	生产车间	生产宠物玩具	2750			
718	李大平	生产车间	生产宠物玩具	2750			
719	王霞	生产车间	生产宠物玩具	2750			
720	吴丽	生产车间	生产玩具乐器	2800			
721	景英清	生产车间	生产玩具乐器	2750			
722	邓玲	生产车间	生产玩具乐器	2750			
723	张泉金	生产车间	生产玩具乐器	2750			
724	杨连玉	生产车间	生产玩具乐器	2750			
725	苏童	生产车间	生产玩具乐器	2750			

图 3-29

2. 计算汇总工资

在"工资变动"窗口，根据2021年7月考勤表，录入员工事假天数和病假天数，全部数据输入完毕，单击"计算"按钮、"汇总"按钮，如图3-30所示，单击"退出"按钮返回。

应发合计	事假天数	代扣税	事假扣款	病假天数	病假扣款	应付工资
7700.00	0.00	81.00	0.00	0.00	0.00	7700.00
7500.00	1.00	75.00	214.29	0.00	0.00	7285.71
7500.00	0.00	75.00	0.00	0.00	0.00	7500.00
7400.00	0.00	72.00	0.00	0.00	0.00	7400.00
7400.00	0.00	72.00	0.00	0.00	0.00	7400.00
7100.00	0.00	63.00	0.00	0.00	0.00	7100.00
7000.00	0.00	60.00	0.00	0.00	0.00	7000.00
7000.00	0.00	60.00	0.00	2.00	200.00	6800.00
6850.00	0.00	55.50	0.00	0.00	0.00	6850.00
6800.00	0.00	54.00	0.00	0.00	0.00	6800.00
6950.00	0.00	58.50	0.00	0.00	0.00	6950.00
6900.00	0.00	57.00	0.00	0.00	0.00	6900.00
7300.00	0.00	69.00	0.00	0.00	0.00	7300.00
7250.00	0.00	67.50	0.00	0.00	0.00	7250.00
6700.00	0.00	51.00	0.00	0.00	0.00	6700.00
6650.00	0.00	49.50	0.00	0.00	0.00	6650.00
6650.00	0.00	49.50	0.00	0.00	0.00	6650.00
6650.00	2.00	49.50	371.42	0.00	0.00	6278.58
6700.00	0.00	51.00	0.00	0.00	0.00	6700.00

图3-30

3. 工资分摊

执行"工资"—"业务处理"—"工资分摊"命令，如图3-31所示。打开"工资分摊"窗口，如图3-32所示。

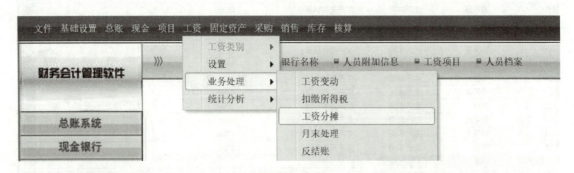

图3-31

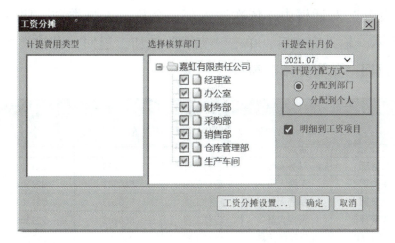

图 3-32

单击"工资分摊设置"按钮,打开"分摊类型设置"对话框,如图 3-33 所示。

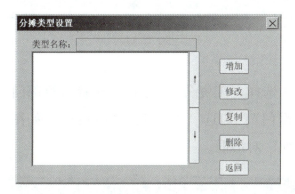

图 3-33

单击"增加"按钮,打开"分摊构成设置"对话框,"计提类型名称"输入工资分摊,"分摊计提比例"为 100%,单击"下一步"按钮,如图 3-34 所示。

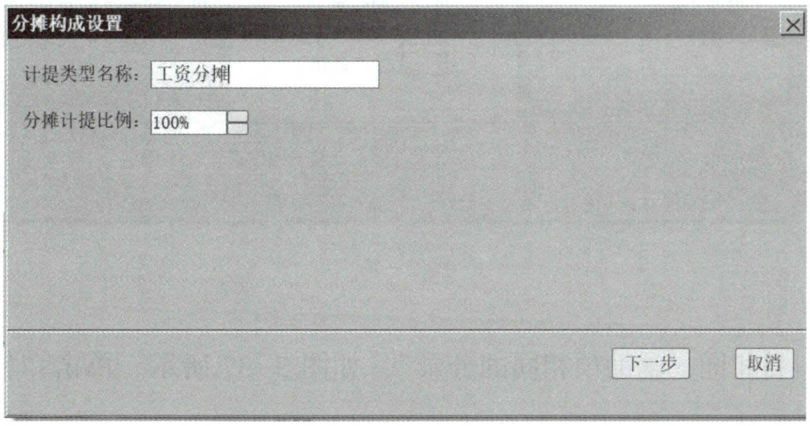

图 3-34

在"分摊构成设置"对话框中,依次输入部门名称、人员类别、项目、借方科目、贷方科目,如图3-35所示。输入完成后,单击"完成"按钮,返回"分摊类型设置"对话框。单击"返回"按钮,返回"工资分摊"窗口。

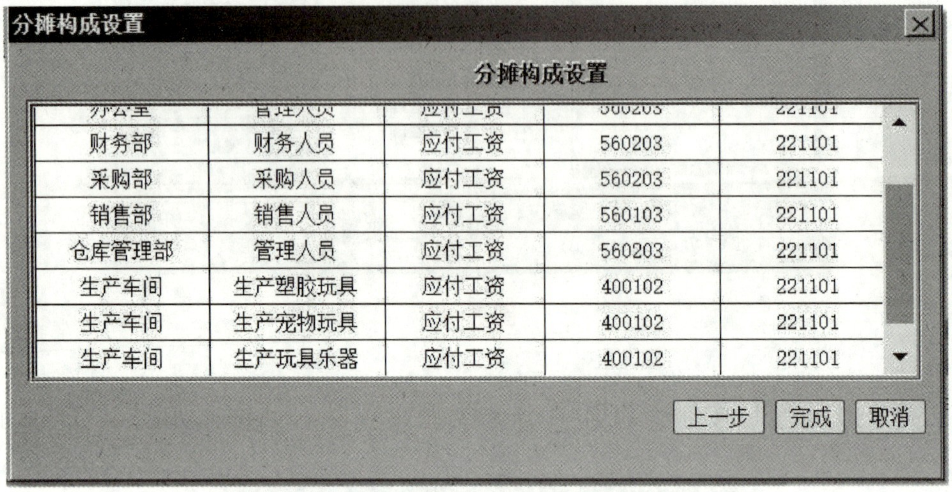

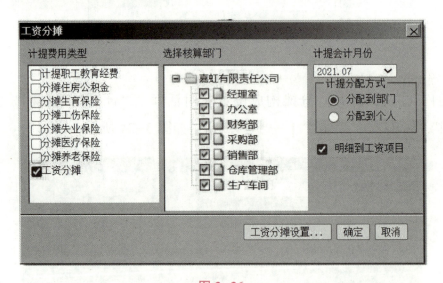

图3-35

在"计提费用类型"中选择"工资分摊",在"选择核算部门"中选择全部部门,"计提分配方式"选择"分配到部门",勾选"明细到工资项目",如图3-36所示。单击"确定"按钮,进入"工资分摊明细"对话框。

图3-36

勾选"合并科目相同、辅助项相同的分录",如图3-37所示。单击"制单"按钮,弹出"填制凭证"窗口。

图 3-37

在填制凭证窗口,"生产成本/直接人工 26 278.58"项目核算选择"塑胶玩具","生产成本/直接人工 33 300"项目核算选择"宠物玩具","生产成本/直接人工 39 671.43"项目核算选择"玩具乐器"。单击"保存"按钮,屏幕提示"保存成功",如图 3-38 所示。然后单击"确定"按钮,然后单击"退出"按钮返回。

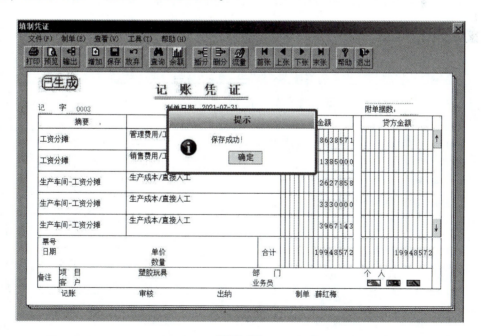

图 3-38

4. 分摊社会保险

比照工资分摊的设置方法，增加"分摊养老保险"，分摊计提比例为12%，完成"分摊养老保险"的分摊构成设置，生成分摊养老保险记账凭证，如图3-39所示。

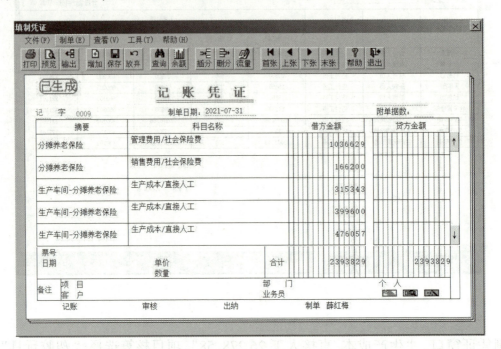

图3-39

比照工资分摊的分摊设置方法，增加"分摊医疗保险"，分摊计提比例为8%，完成"分摊医疗保险"的分摊构成设置，生成分摊医疗保险记账凭证，如图3-40所示。

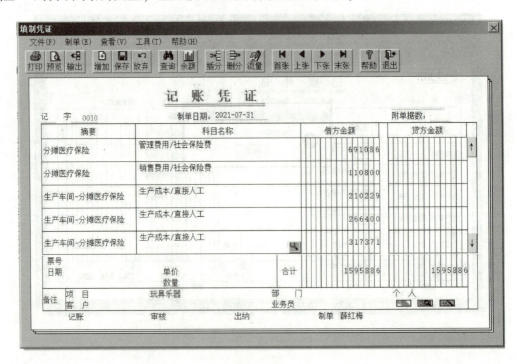

图3-40

比照工资分摊的分摊设置方法,增加"分摊失业保险",分摊计提比例为1%,完成"分摊失业保险"的分摊构成设置,生成分摊失业保险记账凭证,如图3-41所示。

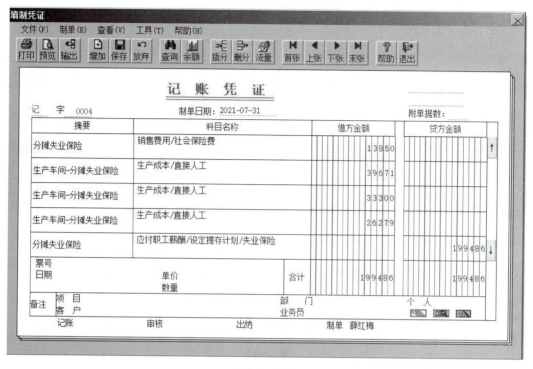

图3-41

比照工资分摊的分摊设置方法,增加"分摊工伤保险",分摊计提比例为0.8%,完成"分摊工伤保险"的分摊构成设置,生成分摊工伤保险记账凭证,如图3-42所示。

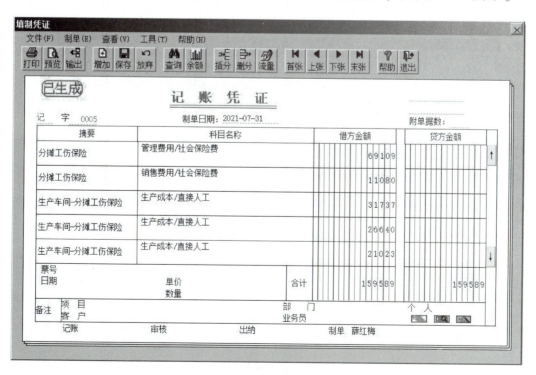

图3-42

比照工资分摊的分摊设置方法，增加"分摊生育保险"，分摊计提比例为0.8%，完成"分摊生育保险"的分摊构成设置，生成分摊生育保险记账凭证，如图3-43所示。

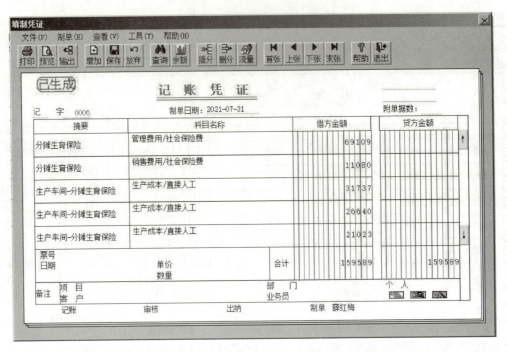

图3-43

5. 计提住房公积金

比照工资分摊的分摊设置方法，增加"分摊住房公积金"，分摊计提比例为6%，完成"分摊住房公积金"的分摊构成设置，生成分摊住房公积金记账凭证，如图3-44所示。

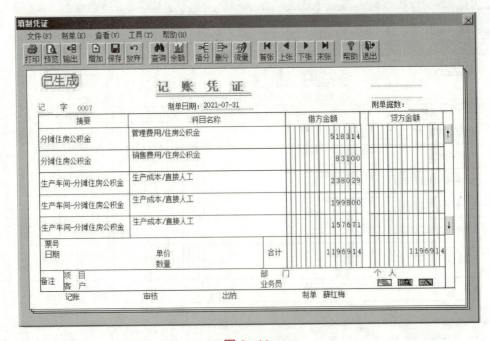

图3-44

任务 3　固定资产管理系统初始设置

任务 3.1　固定资产初始化

初始化如表 3-10 所示。

任务 3.1

表 3-10　初始化

约定及说明	我同意
启用月份	账套启用月份：2021.07
折旧信息	主要折旧方法：平均年限法（一）； 折旧汇总分配周期：1 个月
编码方式	资产类别编码方式为"2-1-1-2"； 固定资产编码方式为"手工输入"，序号长度：5
财务接口	勾选"与财务系统进行对账"和"在对账不平情况下允许固定资产月末结账" 固定资产对账科目为"1601 固定资产"； 累计折旧对账科目"1602 累计折旧"

任务 3.2　设置部门对应折旧科目

任务 3.2

对应折旧科目如表 3-11 所示。

表 3-11　对应折旧科目

部门编码	部门名称	折旧科目
1	经理室	560210，管理费用/折旧费
2	办公室	560210，管理费用/折旧费
3	财务部	560210，管理费用/折旧费
4	采购部	560210，管理费用/折旧费
5	销售部	560110，销售费用/折旧费
6	仓库管理部	560210，管理费用/折旧费
7	生产车间	4101，制造费用

任务 3.3 增加资产类别

资产类别如表 3-12 所示。

任务3.3

表 3-12 资产类别

类别编码	类别名称	净残值率	折旧方法
01	房屋建筑物	2%	平均年限法（一）
02	机器设备	3%	平均年限法（一）
03	交通工具	0%	工作量法

任务 3.4 录入固定资产原始卡片（使用状况均为：在用）

原始卡片如表 3-13 所示。

任务3.4

表 3-13 原始卡片

卡片编号	固定资产编号	名称	类别	部门	增加方式	残值率	使用年限/年	折旧方法	开始使用日期	原值/元	累计折旧/元
00001	01001	办公楼	房屋建筑物	办公室	在建工程转入	2%	30	平均年限法（一）	2020-12-02	2 200 000	41 873
00002	01002	一厂房	房屋建筑物	生产车间	在建工程转入	2%	30	平均年限法（一）	2020-12-02	800 000	15 226
00003	02003	注塑机	机器设备	生产车间	直接购入	3%	8	平均年限法（一）	2020-12-29	680 000	48 088
00004	02004	GM 机床	机器设备	生产车间	直接购入	3%	6	平均年限法（一）	2020-12-29	320 000	30 186
00005	03005	汽车	交通工具	采购部	直接购入	0%	10	工作量法	2020-12-06	270 000	14 400

注：预计运输汽车行驶总里程 300 000 公里，已行驶里程 16 000 公里

【操作步骤】

1. 固定资产初始化

以操作员"101"的身份登录，日期选择"2021-07-31"。初次进入固定资产子系统，需要进行固定资产模块初始化。单击"固定资产"菜单项，弹出对话框"这是第一次打开此账

套，还未进行过初始化，是否进行初始化？"，如图3-45所示。

图3-45

单击"确定"按钮，打开固定资产初始化向导，依次进行约定及说明、启用月份、折旧信息、编码方式、财务接口设置。

（1）约定及说明。选择"我同意"，单击"下一步"按钮，如图3-46所示。

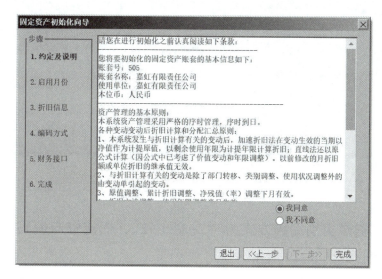

图3-46

（2）启用月份。"账套启用月份"选择"2021.07"，单击"下一步"按钮，如图3-47所示。

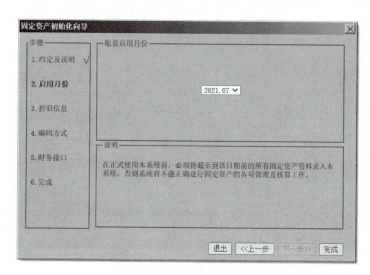

图3-47

(3) 折旧信息。主要折旧方法为"平均年限法（一）"，折旧汇总分配周期为"1个月"，单击"下一步"按钮，如图3-48所示。

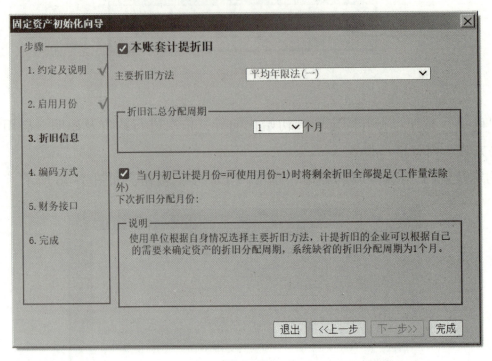

图3-48

(4) 编码方式。资产类别编码方式为"2-1-1-2"，固定资产编码方式为"手工输入"，单击"下一步"按钮，如图3-49所示。

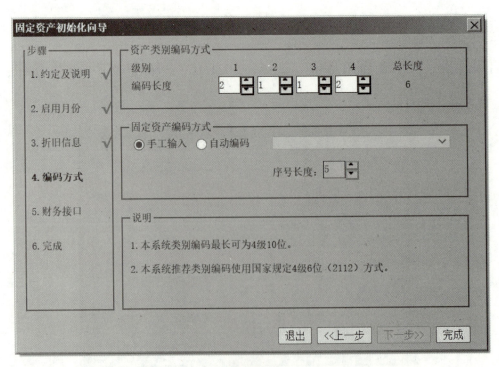

图3-49

（5）财务接口。勾选"与账务系统进行对账"和"在对账不平衡的情况下允许固定资产月末结账"选项，设置固定资产对账科目为"1601 固定资产"，累计折旧对账科目"1602 累计折旧"，单击"下一步"按钮，如图3-50所示。单击"完成"按钮，如图3-51所示，完成固定资产初始化。

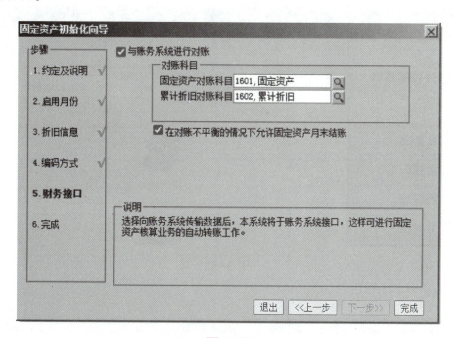

图 3-50

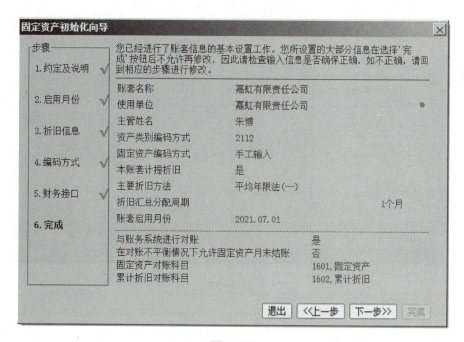

图 3-51

2. 设置部门对应折旧科目

执行"固定资产"—"设置"—"部门对应折旧科目"命令，如图 3-52 所示。打开"部门对应折旧科目"窗口，如图 3-53 所示。

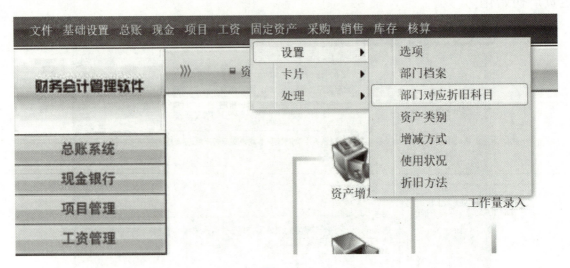

图 3-52

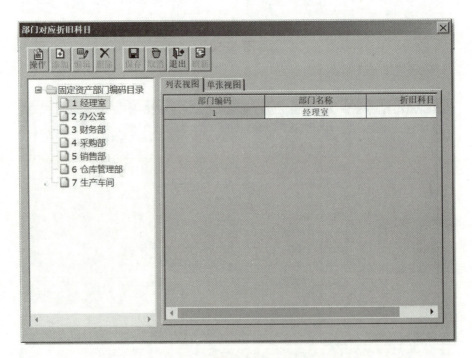

图 3-53

左侧"固定资产部门编码目录"选择"经理室"，单击"操作"按钮，折旧科目选择"560210 管理费用/折旧费"，单击"保存"按钮，如图 3-54 所示。

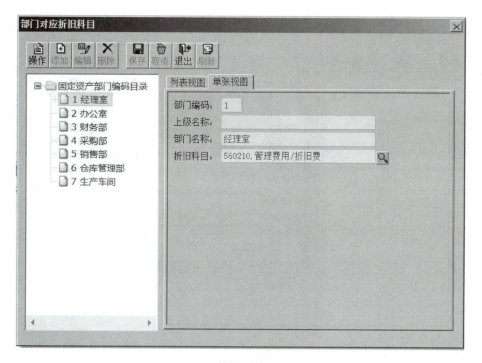

图 3-54

比照"经理室"对应折旧科目的设置方法,完成办公室、财务部、采购部、销售部、仓库管理部、生产车间对应折旧科目设置。完成后,单击"退出"按钮。

3. 增加资产类别

执行"固定资产"—"设置"—"资产类别"命令,如图 3-55 所示。

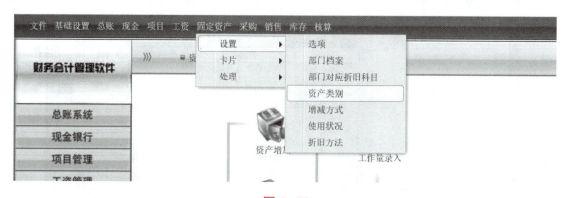

图 3-55

打开"资产类别"窗口,单击"添加"按钮,类别编码 01,"类别名称"输入"房屋建筑物",净残值率为"2%",折旧方法选择"平均年限法(一)",单击"保存"按钮,如图 3-56 所示。

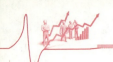

图 3-56

比照房屋建筑物,增加机器设备、交通工具资产类别,如图 3-57 所示。全部输入完成后,单击"退出"按钮。

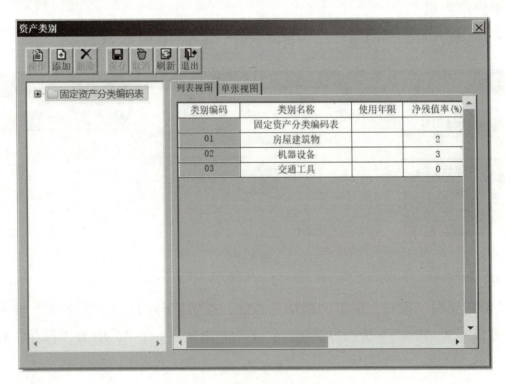

图 3-57

项目三　工资和固定资产管理

4. 录入固定资产原始卡片

执行"固定资产"—"卡片"—"录入原始卡片"命令，如图3-58所示。

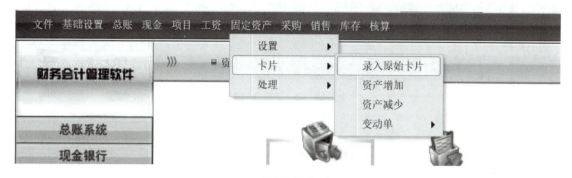

图3-58

在"资产参照类别"窗口，选择"01 房屋建筑物"，如图3-59所示，单击"确认"按钮，打开"录入原始卡片"窗口。

在"录入原始卡片"窗口中，根据固定资产卡片信息，依次在固定资产名称输入"办公楼"，部门名称输入"办公室"，增加方式输入"在建工程转入"，使用状况输入"在用"，使用年限输入"30年"，开始使用日期输入"2020-12-2"，原值输入"2 200 000"，累计折旧输入"41 873"，如图3-60所示。录入完成后，单击"保存"按钮。

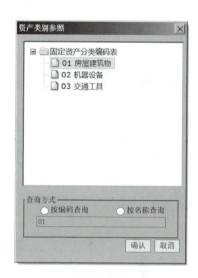

图3-59

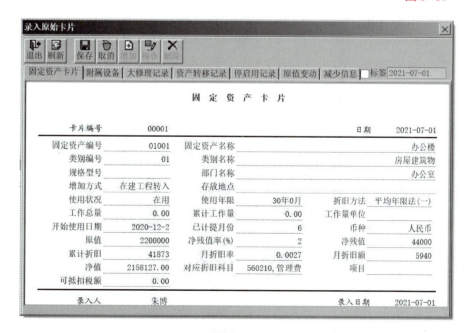

图3-60

比照办公楼，录入"一厂房"的固定资产原始卡片，单击"保存"按钮，如图3-61所示。在"资产参照类别"窗口，选择"02 机器设备"，如图3-62所示。单击"确认"按钮。

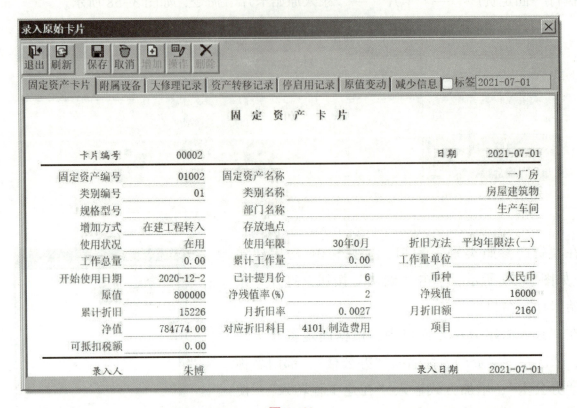

图3-61

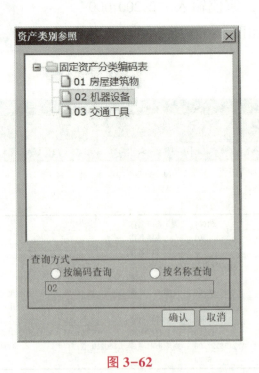

图3-62

比照"办公楼"固定资产原始卡片录入方法，录入"注塑机"和"GM机床"固定资产原始卡片，如图3-63、图3-64所示。

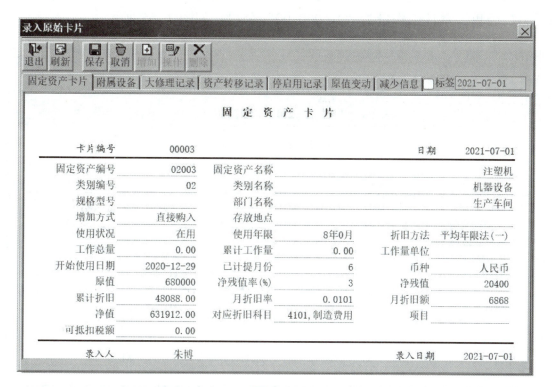

图 3-63

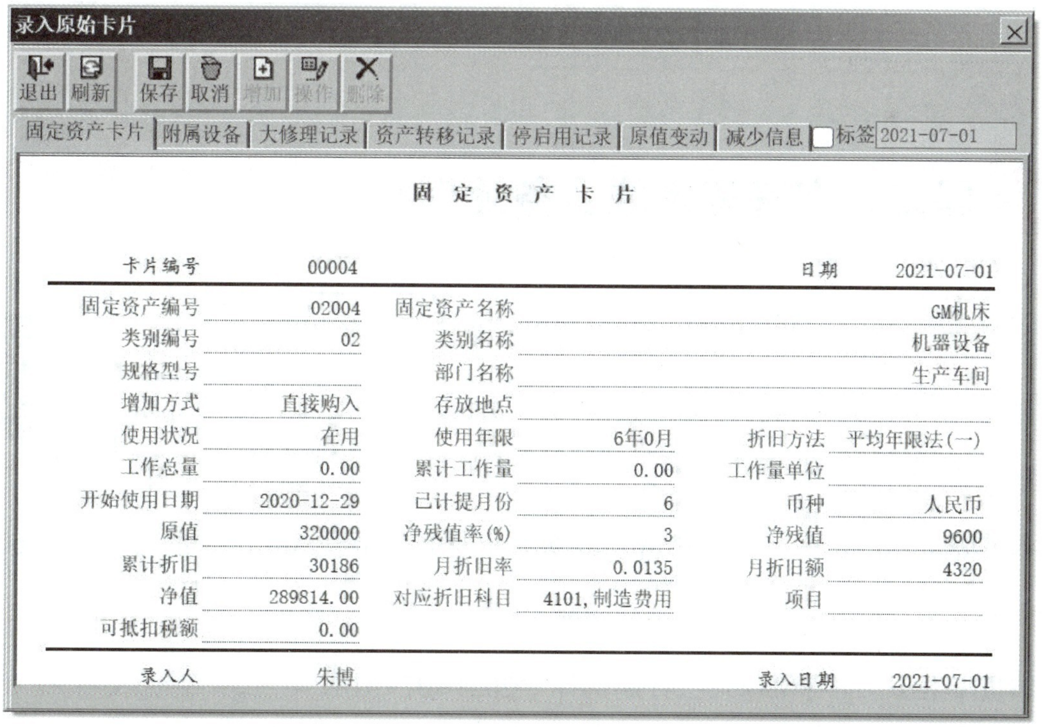

图 3-64

在"资产参照类别"窗口，选择"03 交通工具"，单击"确认"按钮。比照"办公楼"

固定资产原始卡片录入方法，录入"汽车"固定资产原始卡片。注意工作总量为"300 000.00"公里，累计工作量为"16 000.00"公里，如图3-65所示。

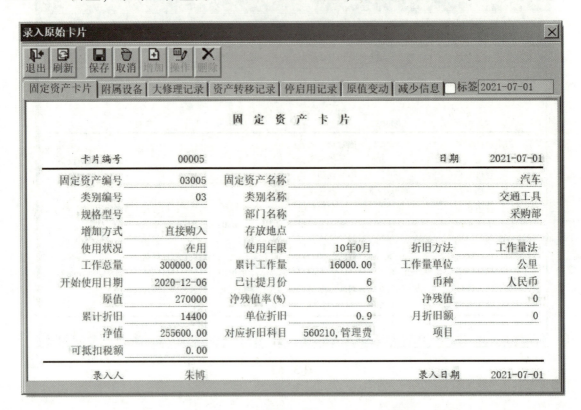

图 3-65

任务 4　固定资产管理系统业务处理

任务　计提折旧

任务 4.1

【任务描述】

计提本月固定资产折旧。合并科目及辅助项相同的分录，汽车本月的行驶里程600公里。

【操作步骤】

以操作员"102"的身份登录，日期选择"2021-07-31"。

执行"固定资产"—"处理"—"工作量录入"命令，如图3-66所示。

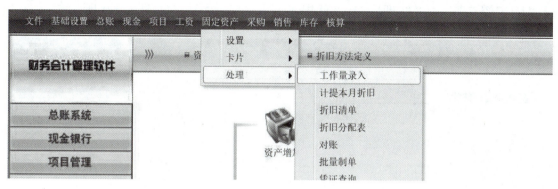

图 3-66

录入汽车本月工作量"600",单击"保存"按钮,如图 3-67 所示。弹出确认对话框"请能确定在继续操作之前,是否已经正确输入了工作量!如果没有请退出(否),并进行工作量输入,继续?",如图 3-68 所示,单击"确定"按钮。

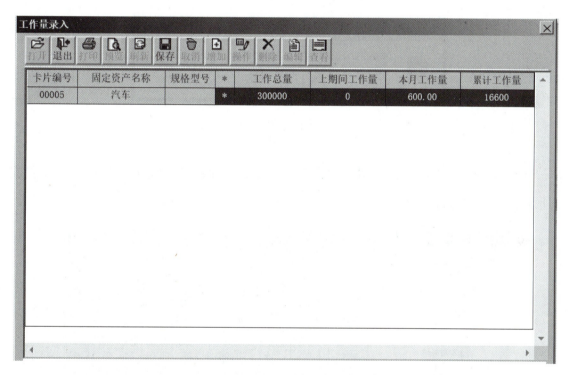

图 3-67

图 3-68

执行"固定资产"—"处理"—"计提本月折旧"命令,如图3-69所示。

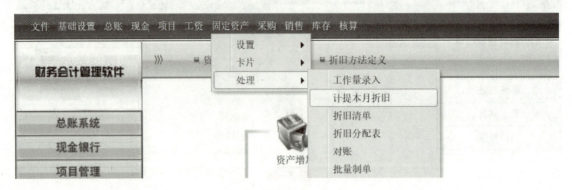

图3-69

弹出确认对话框"本操作将计提本月折旧,并花费一定时间,是否要继续?",如图3-70所示。单击"确定"按钮。

图3-70

弹出"折旧清单"对话框,如图3-71所示,单击"退出"按钮。弹出"提示信息",如图3-72所示,单击"确定"按钮。

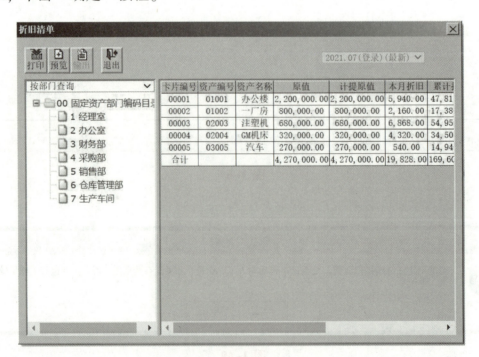

图3-71

项目三 工资和固定资产管理

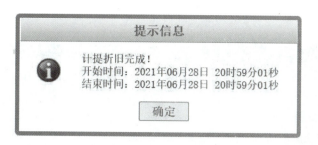

图 3-72

执行"固定资产"—"处理"—"批量制单"命令,如图 3-73 所示。打开"批量制单"窗口,单击"全选"按钮,如图 3-74 所示。切换到"制单设置",勾选"合并(科目及辅助项相同的分录)",如图 3-75 所示。单击"制单"按钮,弹出"填制凭证"窗口,单击"保存"按钮,生成计提固定资产折旧记账凭证,如图 3-76 所示。

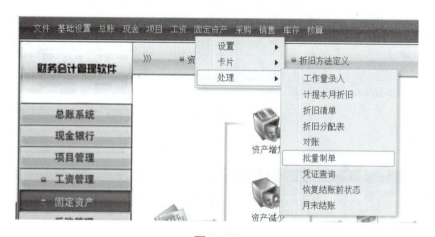

图 3-73

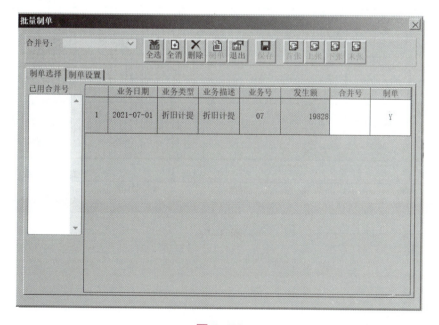

图 3-74

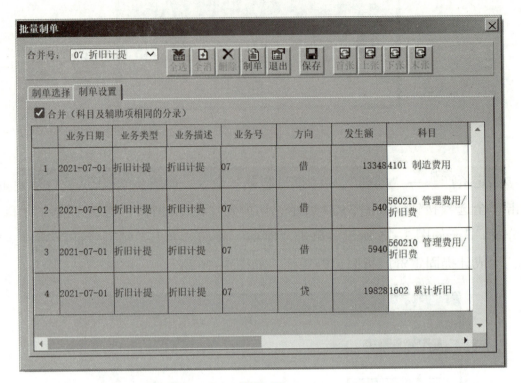

图 3-75

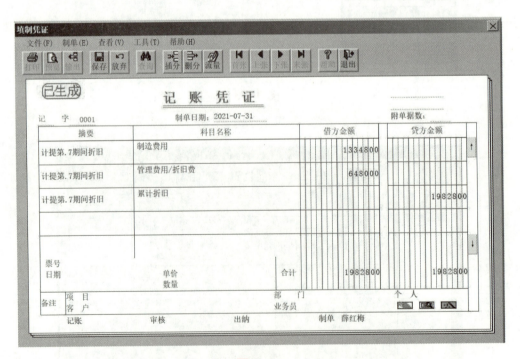

图 3-76

同步练习

一、单选题

同步练习答案

1. 工资分摊时，生产工人工资应计入的借方科目为（　　）。
A. 管理费用　　　　　　　　　　　B. 销售费用
C. 生产成本　　　　　　　　　　　D. 制造费用

2. 销售部门对应折旧科目为（　　）。
A. 管理费用　　B. 销售费用　　C. 生产成本　　D. 制造费用

3. 工资分摊的计提比例为（　　）。
A. 100%　　　B. 12%　　　C. 6%　　　D. 50%

二、多选题

1. 在对工资项目进行设置时，需要设置的内容包括（　　）。
A. 工资项目名称　　B. 项目类型　　C. 项目长度　　D. 小数位数

2. 进行工资分摊构成设置，需要设置的内容包括（　　）。
A. 部门名称　　B. 人员类别　　C. 借方科目　　D. 贷方科目

3. 固定资产计提折旧的方法，可以选择（　　）。
A. 平均年限法（一）　　　　　　　B. 平均年限法（二）
C. 工作量法　　　　　　　　　　　D. 年数总和法

4. 录入固定资产原始卡片，需要录入的内容包括（　　）。
A. 类别名称　　B. 部门名称　　C. 开始使用日期　　D. 原值

三、判断题

1. 初次进入工资子系统，需要完成工资初始设置。（　　）
2. 工资项目公式设置可以通过函数公式向导输入。（　　）
3. 录入人员档案前，要完成人员类别设置。（　　）
4. 固定资产编码方式有手工输入和自动编码两种。（　　）
5. 固定资产折旧方法如果选择工作量法，则需录入本月工作量。（　　）

项目四

购销存管理

技能目标

1. 了解购销存系统包含的模块及模块的功能；
2. 熟悉购销存系统初始化的内容；
3. 掌握购销存系统的业务流程；
4. 掌握采购和应付业务的处理；
5. 掌握销售和应收业务的处理；
6. 掌握库存和核算业务的处理；
7. 培养学生学习的主动权和自主学习的意识。

【知识准备】

购销存管理是企业供应链系统的重要组成部分，购销存系统业务处理是畅捷教育云平台的重点和难点，它实现了企业从财务管理到财务业务一体化的全面管理，实现了企业物流和资金流的统一。

购销存管理系统包括采购、销售、库存和核算四个模块。

采购模块的主要功能包括录入采购发票和与其相对应的采购入库单，并进行结算；输入付款单，实现付款业务。

销售模块的主要功能主要有：输入发货单和相对应的销售发票，实现库存商品的对外销售业务；输入收款单，实现销售收款业务。

库存模块功能主要有：进行存货出入库业务的管理、进行其他出入库业务的管理以及期末对存货进行盘点。

核算模块的功能主要有：对各种出入库业务进行入库和出库成本的核算，进行购销单据制单、供应商往来制单和客户往来制单，生成一系列的凭证并传递到总账。

任务 1　购销存初始设置

任务 1.1　设置存货分类

存货分类如表 4-1 所示。

任务 1.1

表 4-1　存货分类

存货分类编码	类别名称
01	原材料
02	产品
03	费用

任务 1.2　设置存货档案

存货档案如表 4-2 所示。

任务 1.2

表 4-2　存货档案

编码	代码	存货名称	所属分类码	主计量单位	是否应税劳务	税率	属性		
01	01	复合材料	01	套	否	13%	销售	外购	生产耗用
11	11	铝板	01	块	否	13%	销售	外购	生产耗用
12	12	聚乙烯塑料	01	块	否	13%	销售	外购	生产耗用
13	13	聚苯乙烯塑料	01	块	否	13%	销售	外购	生产耗用
14	14	泡沫塑料	01	块	否	13%	销售	外购	生产耗用
15	15	玻璃	01	块	否	13%	销售	外购	生产耗用
16	16	黏合剂	01	千克	否	13%	销售	外购	生产耗用
17	17	树脂胶	01	千克	否	13%	销售	外购	生产耗用
18	18	甲苯	01	千克	否	13%	销售	外购	生产耗用
21	21	塑胶玩具	02	件	否	13%	销售	自制	在制
22	22	宠物玩具	02	件	否	13%	销售	自制	在制
23	23	玩具乐器	02	件	否	13%	销售	自制	在制
31	31	运费	03	元	是	9%	劳务费用		

任务 1.3　设置仓库档案

仓库档案如表 4-3 所示。

表 4-3　仓库档案

仓库编码	仓库名称	所属部门	计价方式	是否货位管理
1	原材料库	仓库管理部	移动平均法	否
2	成品库	仓库管理部	全月平均法	否

任务 1.4　设置付款条件

付款条件如表 4-4 所示。

表 4-4　付款条件

付款条件编码	付款条件表示	信用天数/天	优惠天数1/天	优惠率1/%	优惠天数2/天	优惠率2/%
1	2/10,1/20,n/30	30	10	2	20	1

【操作步骤】

1. 设置存货分类

执行"基础设置"—"存货"—"存货分类"命令，单击"增加"按钮，按照要求输入存货分类"原材料"相关内容，然后单击"保存"按钮，接着输入其他内容，单击"退出"按钮退出该窗口，如图 4-1 所示。

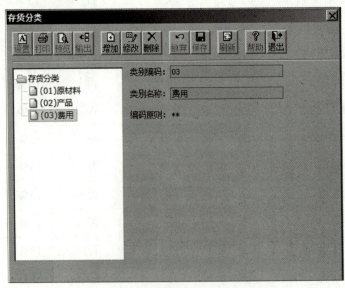

图 4-1

在存货分类界面，单击"修改"按钮可以修改相关内容，单击"删除"按钮可以删除选定的存货分类。

2. 设置存货档案

执行"基础设置"—"存货"—"存货档案"命令，单击"增加"按钮，输入存货档案内容，输入完毕，如图4-2所示。

图 4-2

在存货档案界面，单击"修改"按钮可修改存货档案中的内容，单击"删除"按钮可删除选定的存货档案。

注意：

（1）存货档案的存货编码不能重复，在存货档案卡片窗口中，成本、信用和其他选项卡按照系统默认。

（2）材料的存货属性一般选择"外购"和"生产耗用"，否则在采购系统中不能填制专用发票，在库存系统中无法填制材料出库单。产品的属性一般选择"销售""自制"和"在制"，否则无法在销售系统中填制销售发票，在库存系统核算成本和产品入库的时候不能显示。

（3）运费等费用的存货属性一般选择"劳务费用"。

3. 设置仓库档案

执行"基础设置"—"购销存"—"仓库档案"命令，打开仓库档案窗口，如图4-3所示。在仓库档案窗口，单击"增加"按钮，输入相关的内容，如图4-4所示。单击"保存"按钮，然后根据上述步骤输入其他内容，输入完毕，如图4-5所示。

图 4-3

图 4-4

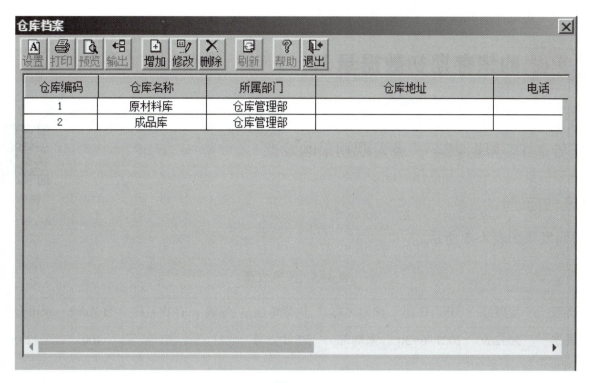

图 4-5

4. 设置付款条件

执行"基础设置"—"收付结算"—"付款条件"命令,打开"付款条件"窗口,根据表格内容输入,输入完毕,单击"保存"按钮,如图 4-6 所示。

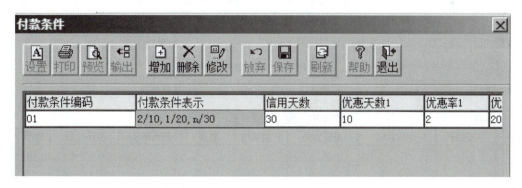

图 4-6

会计信息化实务

任务 2　购销存期初数据录入

任务 2.1　根据表 4-5 录入期初采购发票

【任务描述】

采购发票如表 4-5 所示。

表 4-5　采购发票

发票类型	发票号	开票日期	部门名称	供货单位	编码	存货名称	数量/块	原币金额/元
普通发票	563269	2021-6-30	采购部	红日公司	11	铝板	400	2 000

【操作步骤】

执行"采购"—"采购发票"命令，打开"采购发票"窗口，如图 4-7 所示，在"采购发票"窗口，单击"增加"—"普通发票"按钮，打开"采购发票"窗口，如图 4-8 所示。

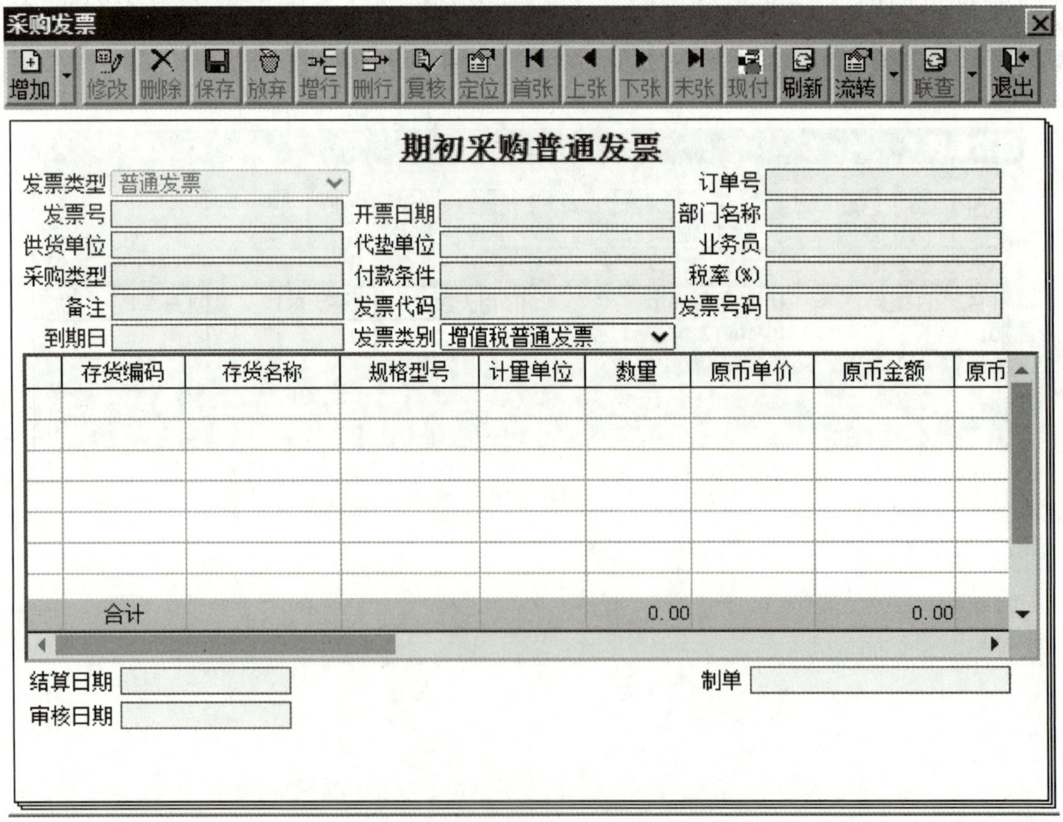

图 4-7

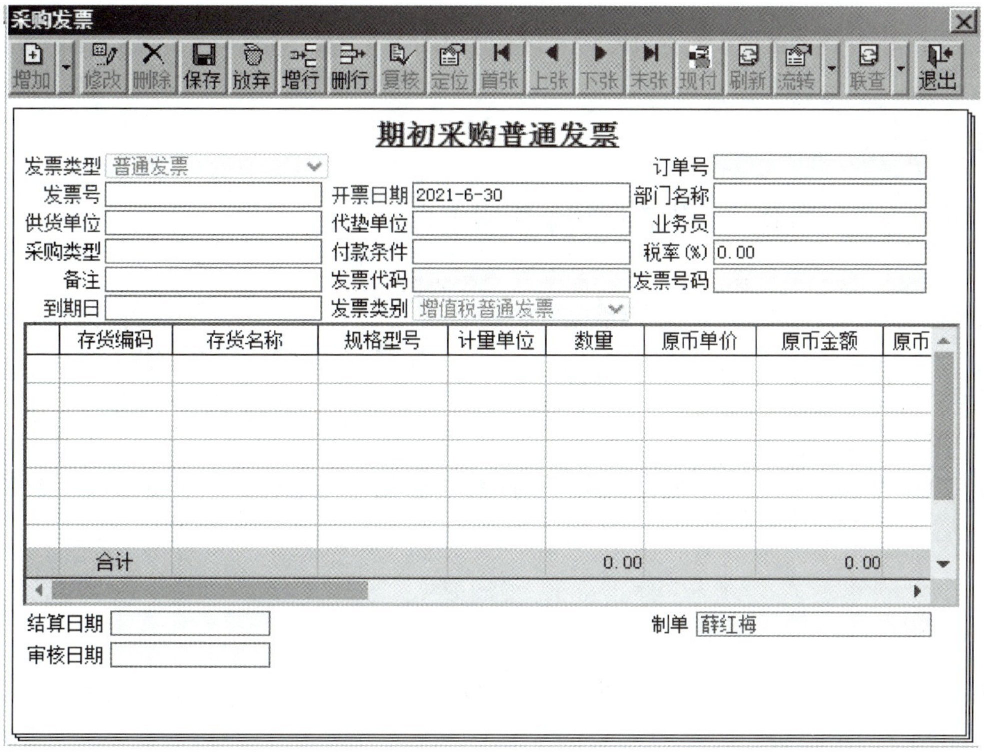

项目四　购销存管理

图 4-8

在"采购发票"窗口，根据内容进行录入，输入完毕，如图 4-9 所示。然后单击"保存"按钮。

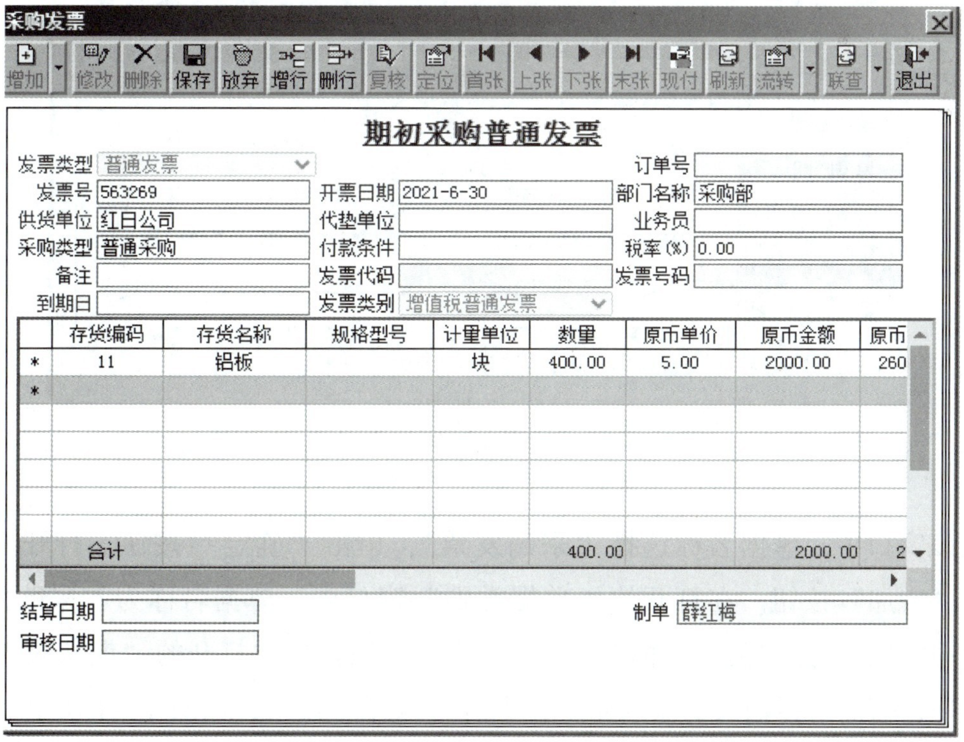

图 4-9

任务 2.2　根据表 4-6 输入供应商往来期初余额

【任务描述】

表 4-6 所示为应付账款——货款期初余额明细表。

表 4-6　应付账款——货款期初余额明细表

类型	发票号	日期	供应商	科目	存货名称	数量/块	单价/元	价税合计/元	付款条件
专用发票	23663	2021/6/30	浙江中天有限公司	应付账款——货款	铝板	1 000	5	5 650	2/10,1/20,n/30

【操作步骤】

（1）执行"采购"—"供应商往来"—"供应商往来期初"命令，打开"期初余额—查询"窗口，如图 4-10 所示。

图 4-10

（2）在该窗口中，单据名称选择"采购发票"，单击"确定"按钮，打开"期初余额"窗口，单击"增加"按钮。在打开的"单据类别"窗口中，单据名称为"采购发票"，单据类型为"专用发票"，方向为"正向"，单击"确定"按钮。在打开的"期初录入—采购专用发票"窗口中，按照内容输入，输入完毕，单击"保存"按钮，如图 4-11 所示。

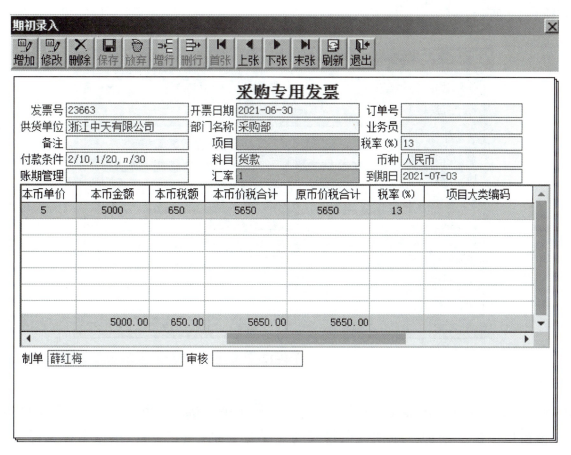

图 4-11

任务 2.3　根据表 4-7 输入客户往来期初余额

【任务描述】

应收账款期初余额明细表如表 4-7 所示。

表 4-7　应收账款期初余额明细表

类型	单据编号	单据日期	客户编码	客户	科目	币种	货物名称	数量/件	单价/元	税率	价税合计/元	部门	付款条件
专用发票	56899	2021/6/24	1	大发公司	应收账款	人民币	塑胶玩具	200	175	13%	39 550	销售部	2/10,1/20,n/30
专用发票	23457	2021/6/25	2	常青贸易	应收账款	人民币	宠物玩具	500	198	13%	111 870	销售部	

【操作步骤】

执行"销售"—"客户往来"—"客户往来期初"命令，打开"期初余额—查询"窗口，如图 4-12 所示。

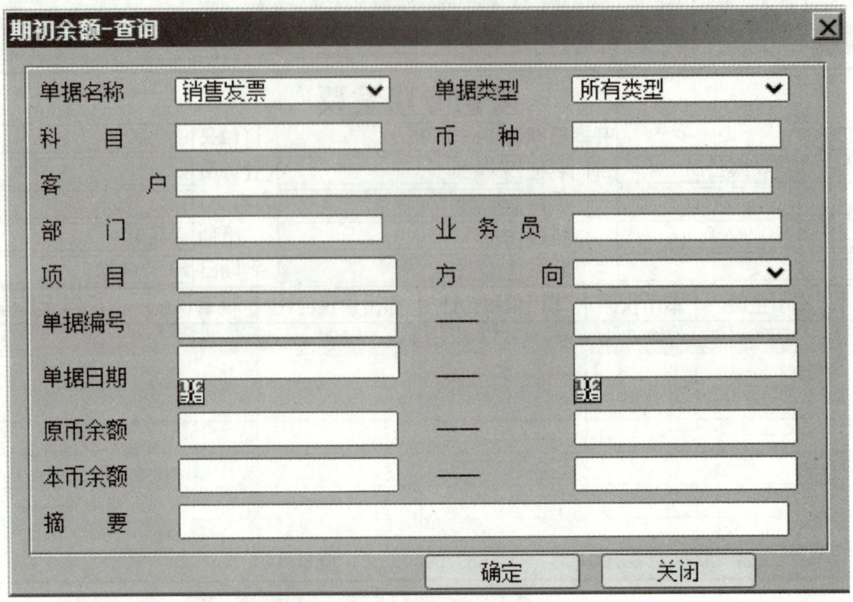

图 4-12

在该窗口中，单据名称选择"销售发票"，然后单击"确定"按钮。打开"期初余额明细表"，在该窗口单击"增加"按钮。在打开的"单据类别"窗口中，单据名称选择"销售发票"，单据类型为"专用发票"，方向为"正向"，单击"确定"按钮，打开"期初录入"窗口，如图 4-13 所示。

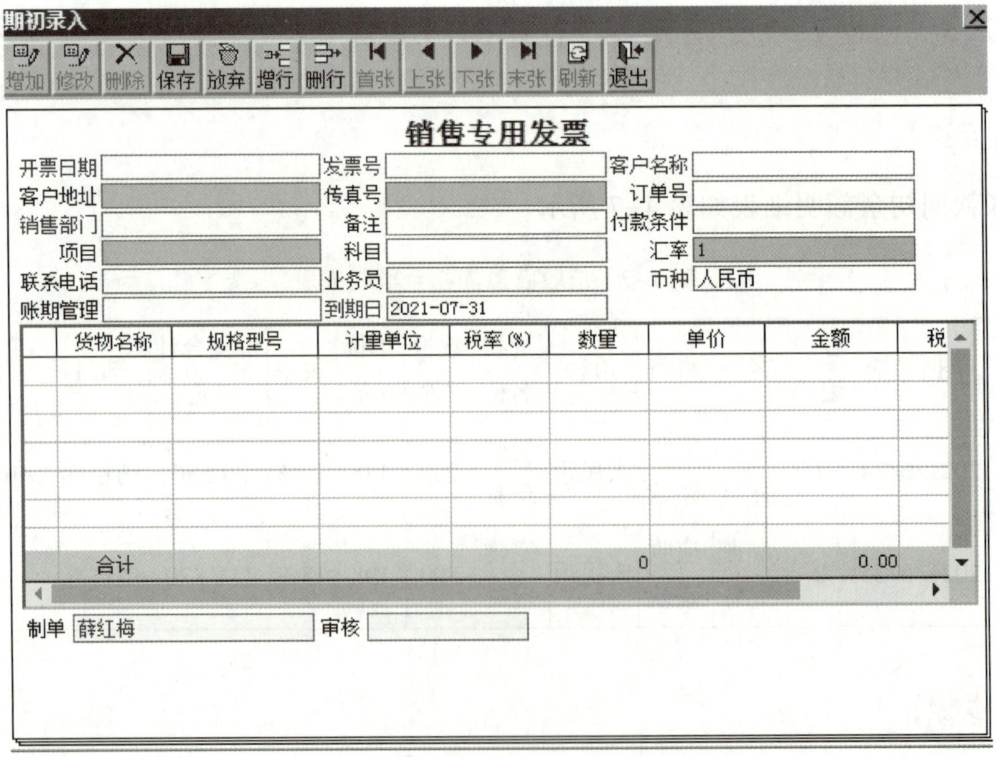

图 4-13

在该窗口中，按照表格内容录入，录入完毕，如图4-14所示，单击"保存"按钮。

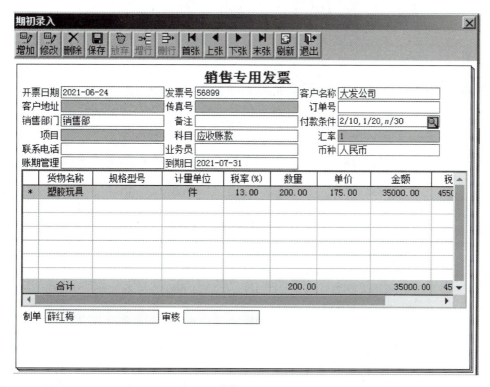

图 4-14

按照同样的方法，将表格第二条内容录入，录入完毕，如图4-15所示，然后单击"保存"按钮。

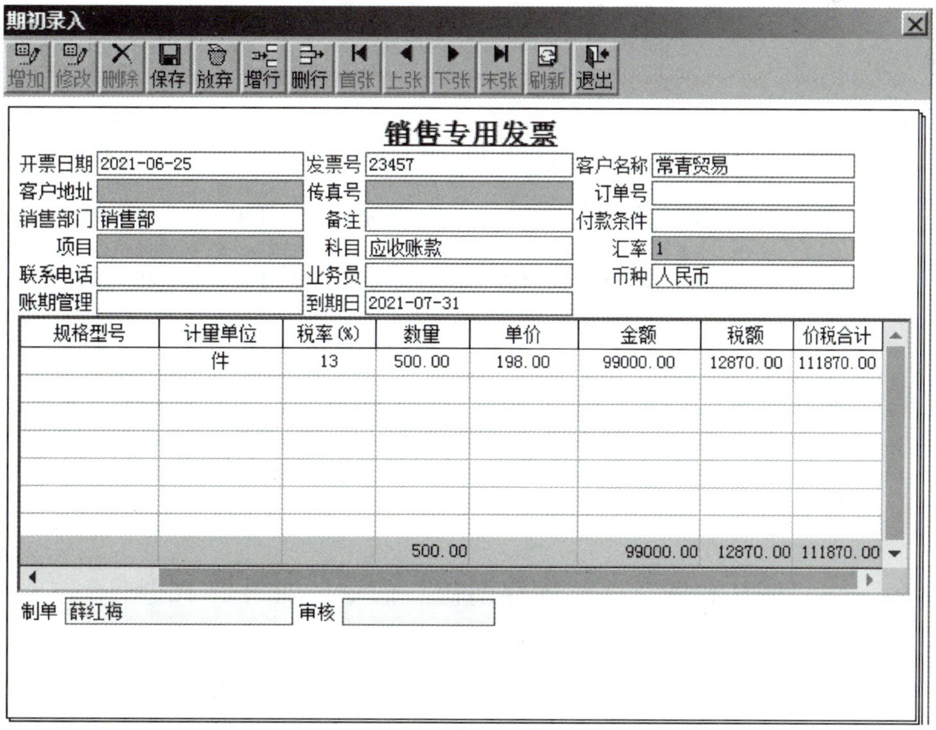

图 4-15

任务 2.4　设置原材料期初余额和库存商品期初余额

【任务描述】

原材料期初余额和库存商品期初余额如表 4-8、表 4-9 所示。

表 4-8　原材料期初余额明细表

存货编码	存货代码	存货名称	计量单位	数量	单价/元	金额/元	入库日期
01	01	复合材料	套	200	30	6 000	2021/6/30
11	11	铝板	块	1 600	5.2	8 320	2021/6/30
12	12	聚乙烯塑料	块	1 600	4	6 400	2021/6/30
13	13	聚苯乙烯塑料	块	1 600	6	9 600	2021/6/30
14	14	泡沫塑料	块	1 600	8	12 800	2021/6/30
15	15	玻璃	块	3 000	10	30 000	2021/6/30
16	16	黏合剂	千克	1 000	20	20 000	2021/6/30
17	17	树脂胶	千克	100	80	8 000	2021/6/30
18	18	甲苯	千克	100	15	1 500	2021/6/30
合计		—	—	—	—	102 620	—

表 4-9　库存商品期初余额明细表

存货编码	存货代码	存货名称	计量单位	数量/元	单价/元	金额	入库日期
21	21	塑胶玩具	件	3 800	120	456 000	2021/6/30
22	22	宠物玩具	件	3 200	150	480 000	2021/6/30
23	23	玩具乐器	件	3 000	105	315 000	2021/6/30
合计	—	—	—	10 000	—	1 251 000	—

【操作步骤】

执行"库存"—"期初数据"—"库存期初"命令，如图 4-16 所示。

图 4-16

在该窗口，选择仓库为"原材料库"，单击"增加"按钮，然后根据表格的内容输入，如图 4-17 所示。

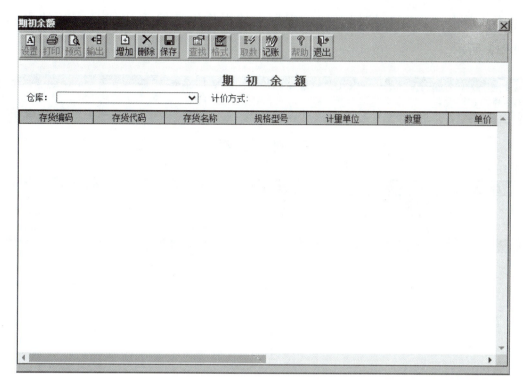

图 4-17

输入完毕,单击"保存"按钮,然后根据上述操作继续输入"成品库"的内容,输入结束,如图4-18所示。

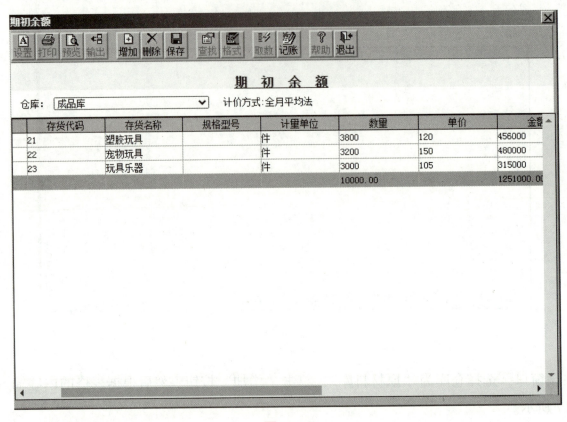

图4-18

注意:输入完毕,一定要单击"保存"按钮保存数据,"原材料库"金额合计应该与总账期初余额中"原材料"科目的金额相同,"成品库"金额合计应该与总账期初余额中"库存商品"科目的金额相同。也可以通过核算系统录入期初余额,两者效果相同。

任务2.5 科目设置表简介

任务2.5

【任务描述】

本部分内容如表4-10~表4-15所示。

表4-10 存货科目设置

仓库编码	仓库名称	存货科目编码	存货科目名称
1	原材料库	1403	原材料
2	成品库	1405	库存商品

表 4-11 存货对方科目设置

收发类别编码	收发类别名称	对方科目编码	对方科目名称	暂估科目编码	暂估科目名称
11	采购入库	1402	在途物资	220202	暂估款
12	产成品入库	400101	直接材料		
21	销售出库	5401	主营业务成本		
22	材料领用出库	400101	直接材料		

表 4-12 客户往来基本科目设置

应收科目	1122	销售退回科目	5001
销售收入科目	5001	现金折扣科目	560303
应交增值税科目	22210106	预收科目	2203

表 4-13 客户往来结算方式科目设置

结算方式	币种	科目
现金支票	人民币	1002
转账支票	人民币	1002
银行汇票	人民币	101202
电汇	人民币	1002
电子交税	人民币	1002
网上银行	人民币	1002

表 4-14 供应商往来基本科目设置

应付科目	220201	现金折扣科目	560303
采购科目	1402	预付科目	1123
采购税金科目	22210101		

表 4-15 供应商往来结算方式科目设置

结算方式	币种	科目
现金支票	人民币	1002
转账支票	人民币	1002
银行汇票	人民币	101202

续表

结算方式	币种	科目
电汇	人民币	1002
电子交税	人民币	1002
网上银行	人民币	1002

【操作步骤】

1. 存货科目设置

执行"核算"—"科目设置"—"存货科目"命令,根据表格的内容输入,输入完毕,如图4-19所示。单击"保存"按钮保存数据。

图 4-19

2. 录入存货对方科目

执行"核算"—"科目设置"—"存货对方科目",根据表格的内容输入,输入完毕,如图4-20和图4-21所示。

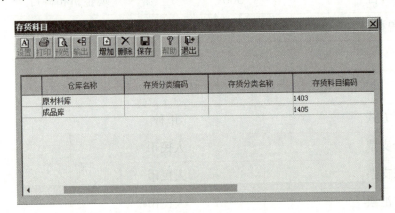

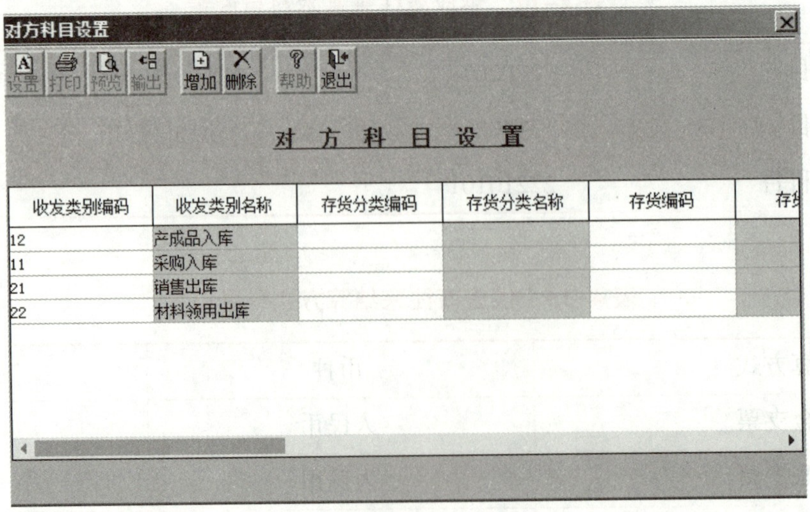

图 4-20

图 4-21

3. 录入客户往来科目和结算方式科目

执行"核算"—"科目设置"—"客户往来科目"—"基本科目设置"和"结算方式科目设置"命令，根据表格的内容输入，输入完毕，如图 4-22 和图 4-23 所示。

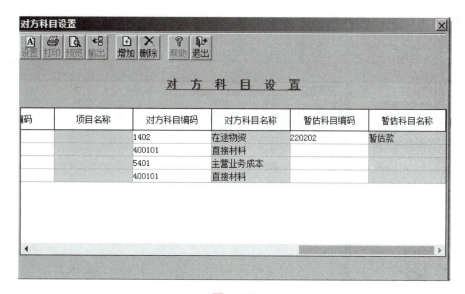

图 4-22

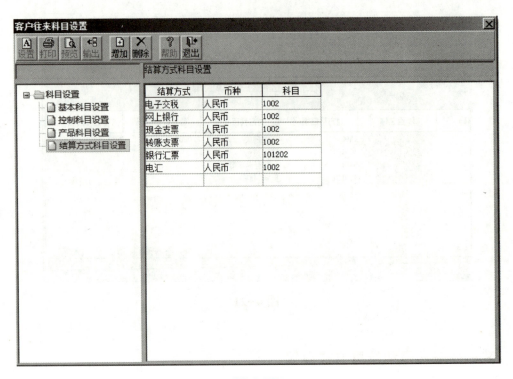

图 4-23

4. 录入供应商往来科目和结算方式科目

执行"核算"—"供应商往来科目设置"—"科目设置"—"基本科目设置"和"结算方式科目设置"命令,根据表格的内容输入,输入完毕,如图 4-24 和图 4-25 所示。

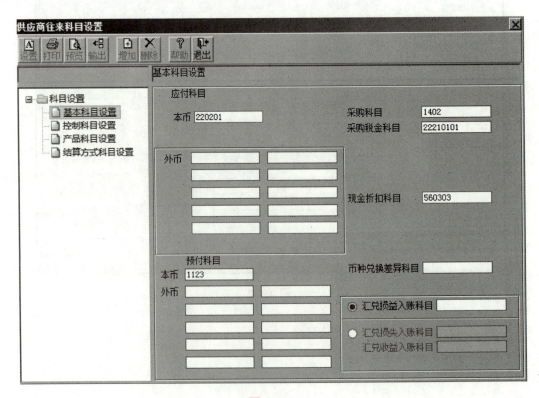

图 4-24

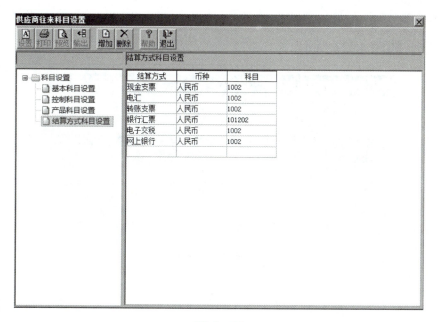

图 4-25

任务 2.6 购销存期初设置

任务 2.6

【任务描述】

设置暂估方式为"月初回冲",进行期初记账,将采购和销售管理系统设置为显示现金折扣。

【操作步骤】

(1)执行"核算"—"核算业务范围设置"命令,选择暂估方式为"月初回冲",然后单击"确认"按钮,如图 4-26 所示。

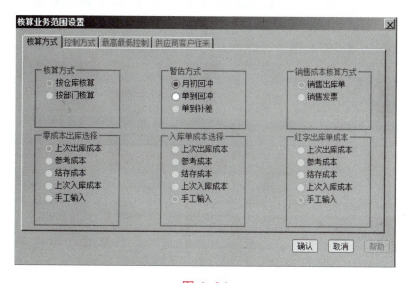

图 4-26

（2）执行"采购"—"期初记账"命令，打开"期初记账"窗口，单击"记账"按钮，进行采购期初记账，如图4-27所示。

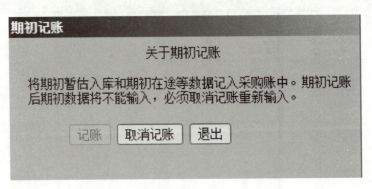

图 4-27

（3）执行"库存"—"期初数据"—"库存期初"命令，在打开的期初余额窗口中，单击"记账"按钮，分别对原材料库和成品库进行记账，如图4-28和图4-29所示。

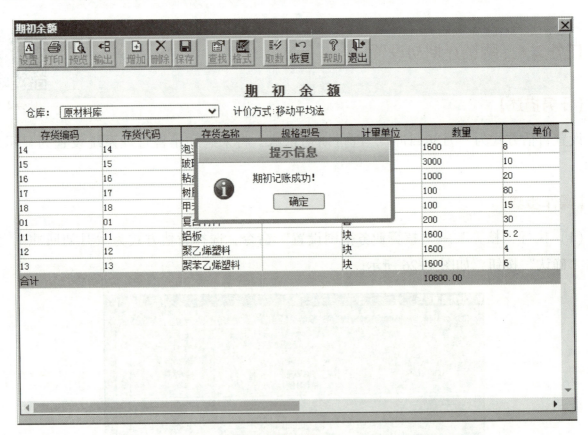

图 4-28

项目四 购销存管理

图 4-29

（4）执行"采购"—"采购业务范围设置"命令，勾选"显示现金折扣"复选框；执行"销售"—"销售业务范围设置"命令，勾选"显示现金折扣"复选框，分别如图 4-30 和图 4-31 所示。

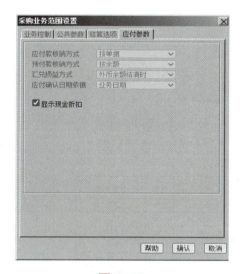 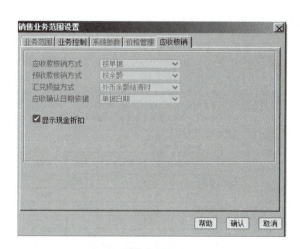

图 4-30　　　　　　　　　　　　　　图 4-31

任务3　采购业务处理

【知识准备】

采购系统是构成购销存系统的一部分，是企业供应链的起点，其主要功能有采购模块初

147

始设置、采购业务处理和采购账簿及分析。采购模块初始设置的对象主要有采购管理系统所需要的采购参数、基础信息和采购期初数据；采购业务处理主要包括采购订单、采购入库、采购发票和采购结算等采购过程的管理，可以处理普通采购业务、现付业务、采购退货等业务；采购账簿及分析可以查询各种明细表和统计表以及供应商往来信息等。

按照货物和发票到达的先后，普通采购业务划分为单货同到、货到票未到（暂估入库）和票到货未到三种类型，不同的业务类型相应的处理方式有所不同。

普通采购业务所涉及的单据有采购入库单和采购发票。采购入库单是采购到货验收入库时填制的入库单据，采购入库单可以直接录入，也可以按照采购订单或采购发票生成。采购发票是供货方开出的销售货物的凭证，系统根据采购发票计算和确认采购成本，并登记应付账款。采购发票按照发票类型可分为增值税专用发票、普通发票和运费发票；按照业务性质可分为蓝字发票和红字发票。采购发票可以手工增加，也可以通过采购订单、采购入库单流转生成。

采购发票与采购入库单需要进行采购结算，主要目的是确定采购入库成本。

任务 3.1　2 日，签订购买合同，采购模块完成

任务 3.1

【任务描述】

购销合同如图 4-32 所示。

购 销 合 同

合同编号 72318131

购货单位（甲方）：　嘉虹有限责任公司

供货单位（乙方）：　广东建工有限公司

根据《中华人民共和国合同法》及国家相关法律、法规之规定，甲乙双方本着平等互利的原则，就甲方购买乙方货物一事达成以下协议。

一、货物的名称、数量及价格：

货物名称	规格型号	单位	数量	单价	金额	税率	价税合计
甲苯		千克	600	16.00	9,600.00	13%	10,848.00
复合材料		套	800	28.00	22,400.00	13%	25,312.00
树脂胶		千克	800	79.00	63,200.00	13%	71,416.00
合计（大写）　壹拾万柒仟伍佰柒拾陆元整							107,576.00

二、交货方式和费用承担：交货方式：销货方送货，交货时间：2021年07月20日前，交货地点：甲方仓库一区，运费由甲方承担。

三、付款时间与付款方式：收货后支付货款，折扣条件2/10，1/20，n/30。

四、质量异议期：订货方对供货方的货物质量有异议时，应在收到货物后10日内提出，逾期视为货物质量合格。

五、未尽事宜经双方协商可作补充协议，与本合同具有同等效力。

六、本合同自双方签字、盖章之日起生效；本合同壹式贰份，甲乙双方各执壹份。

甲方（签章）：嘉虹有限责任公司
授权代表：杨
地　　址：华
电　　话：71
日　　期：2021 年 07 月 02 日

乙方（签章）：广东建工有限公司
授权代表：朱
地　　址：佛山
电　　话：489
日　　期：2021 年 07 月 02 日

图 4-32

项目四 购销存管理

【操作步骤】

（1）以操作员"102"的身份登录，日期选择"2021-07-02"，执行"采购"—"采购订单"命令，打开"采购订单"窗口，单击"增加"按钮，然后根据原始凭证内容进行录入，录入完毕，单击"保存"按钮，如图4-33所示。

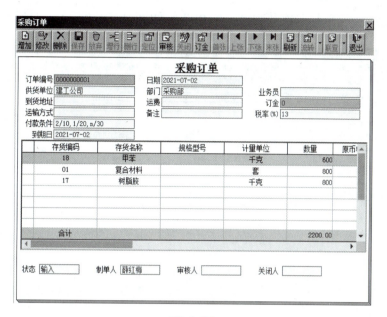

图 4-33

（2）单击"审核"按钮对采购订单进行审核。本业务不需要生成凭证。

任务 3.2　3日，支付货款。采购及核算模块完成

【任务描述】

中国工商银行电汇凭证（回单）如图4-34所示。

任务 3.2

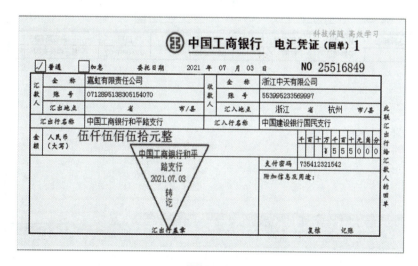

图 4-34

149

【操作步骤】

（1）以操作员"102"的身份登录，日期选择"2021-07-03"，执行"采购"—"供应商往来"—"付款结算"命令，在打开的"单据结算"窗口中，选择供应商为"浙江中天有限公司"，单击"增加"按钮，根据原始凭证内容输入数据，输入完毕，单击"保存"按钮，然后单击"核销"按钮，输入本次折扣为"100"，如图4-35所示。然后单击"保存"按钮。

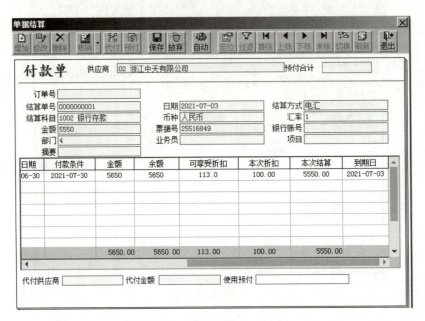

图4-35

（2）执行"核算"—"凭证"—"供应商往来制单"，在弹出的"供应商制单查询"窗口中选择"核销制单"，然后单击"确定"按钮，打开"供应商往来制单"窗口，如图4-36所示。

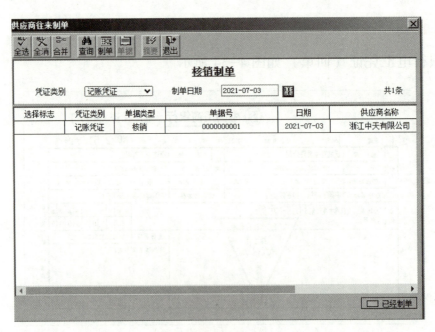

图4-36

（3）在该窗口，单击"全选"按钮，然后单击"制单"按钮，系统弹出"填制凭证"窗口，将科目"财务费用/现金折扣"的贷方金额"100"调整为借方红字，输入附单据数为"1"后，单击"保存"按钮，如图4-37所示。

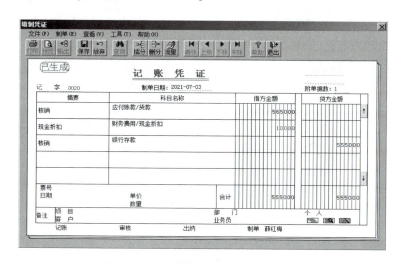

图4-37

注意："现金折扣"是按照不含税销售额计算的，题目中"可享受折扣"是系统自动按照含税销售额计算的，所以用户自行计算现金折扣后，填入"本次折扣"栏次内。

任务3.3　4日，购买材料，收到采购发票和运费发票，运费由销售方代垫（现金折扣2/10，1/20，n/30）。增加：供应商广盈运输一局及相关信息。购销存及核算模块完成（同科目手动合并）

任务3.3

【任务描述】

本部分内容如图4-38~图4-41所示。

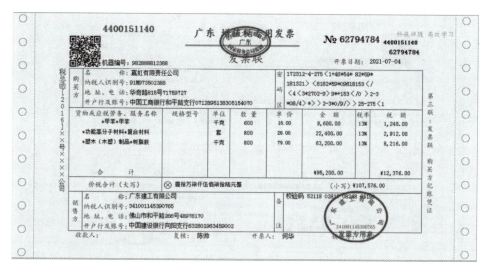

图4-38

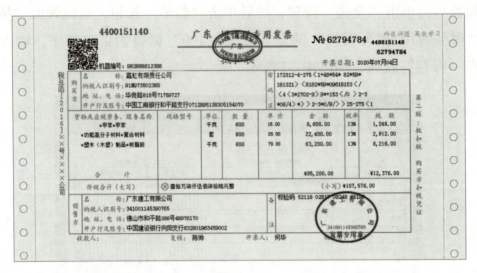

图 4-39

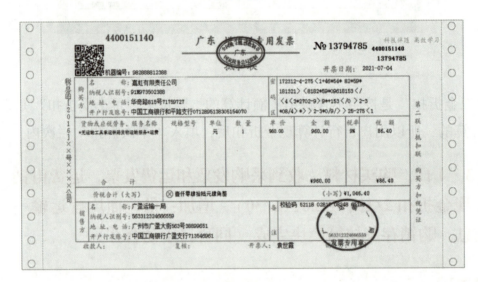

图 4-40

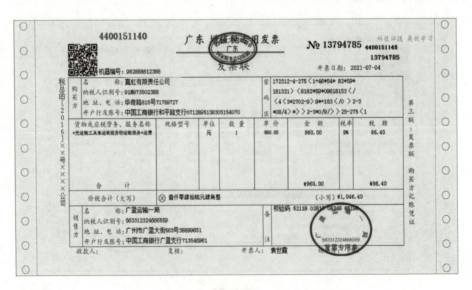

图 4-41

【操作步骤】

（1）以操作员"102"的身份登录，日期选择"2021-07-04"，执行"采购"—"采购发票"命令，打开"采购发票"窗口，在该窗口，单击"增加"按钮旁边的箭头，选择"专用发票"，系统进入"采购发票"窗口，输入原始凭证的内容，输入完毕，如图4-42所示。

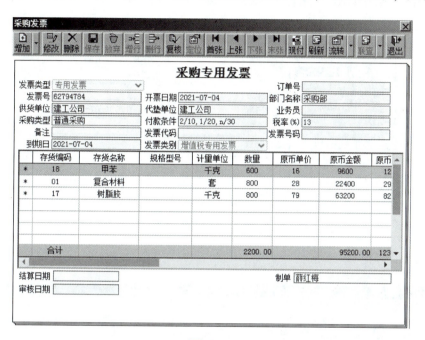

图4-42

输入完毕，单击"复核"按钮，对专用发票进行审核并登记应付账款。按照同样的方法录入运费的专用发票（先录入供应商：广盈运输一局及相关信息），输入完毕，如图4-43所示。

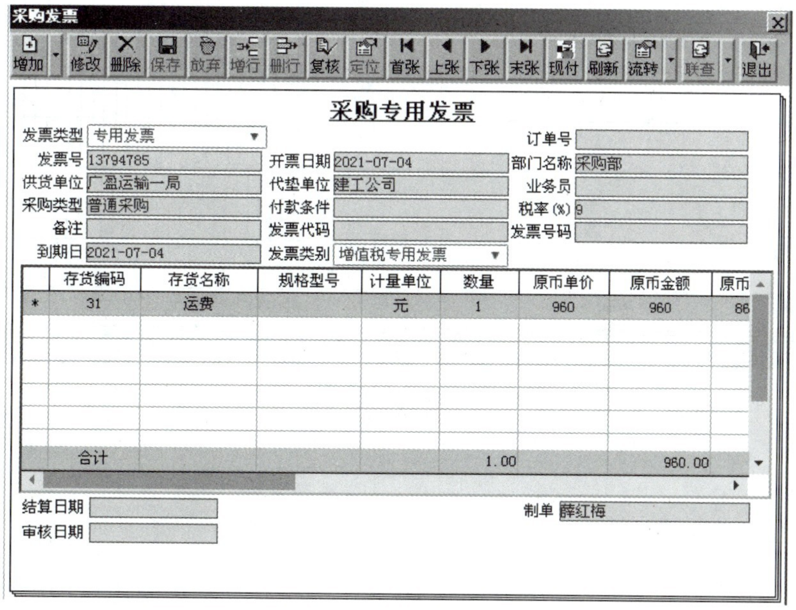

图4-43

（2）单击"复核"按钮进行审核。执行"核算"—"凭证"—"供应商往来制单"命令，打开"供应商制单查询"窗口，勾选"发票制单"，如图4-44所示。单击"确定"按钮，在弹出的"供应商往来制单"窗口中，单击"全选"—"合并"按钮，然后单击"制单"按钮。在弹出的"填制凭证"窗口中，将"在途物资""应交税费""应付账款"科目及金额分别进行合并，然后单击"保存"按钮，如图4-45所示。

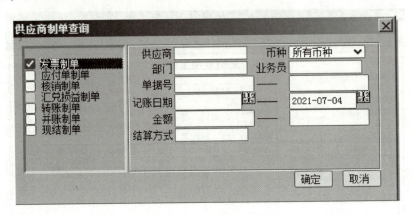

图4-44

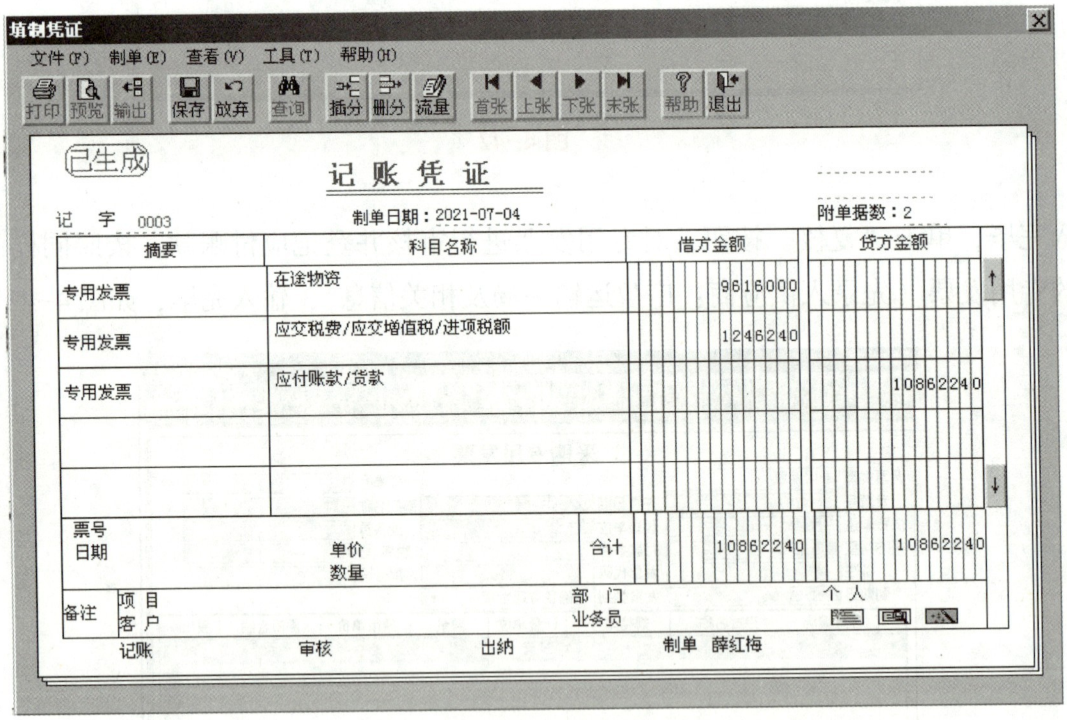

图4-45

任务 3.4 11 日，支付货款。购销存及核算模块完成

【任务描述】

付款凭证如图 4-46 所示。

图 4-46

【操作步骤】

（1）以操作员"102"的身份登录，日期选择"2021-07-11"，执行"采购"—"供应商往来"—"付款结算"命令，系统弹出"单据结算"窗口，在该窗口，选择供应商为"广东建工有限公司"，单击"增加"按钮，然后根据原始凭证内容进行输入，输入完毕，单击"保存"按钮，然后单击"核销"按钮，付款单中购买材料的本次折扣为"1 904"，运费没有折扣，如图 4-47 所示。单击"保存"按钮，核销完毕。

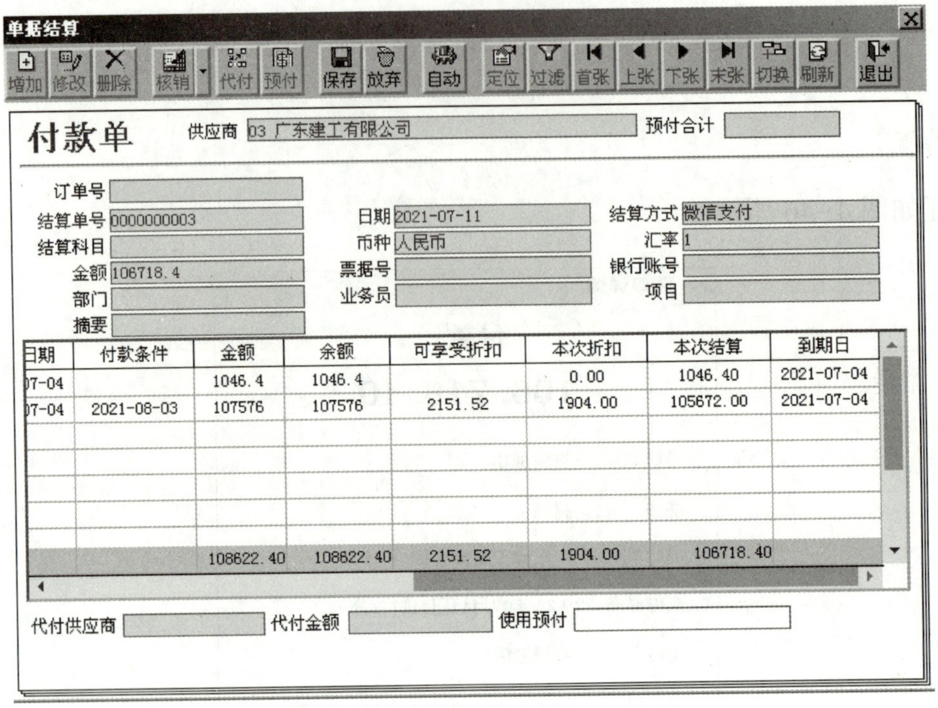

图 4-47

（2）执行"核算"—"凭证"—"供应商往来制单"命令，在打开的"供应商制单查询"窗口中，单击"核销制单"，其他保持默认，然后单击"确定"按钮。在打开的"供应商往来制单"窗口中，单击"全选"—"制单"按钮，生成凭证，如图 4-48 所示（将财务费用的贷方金额调整为借方红字）。

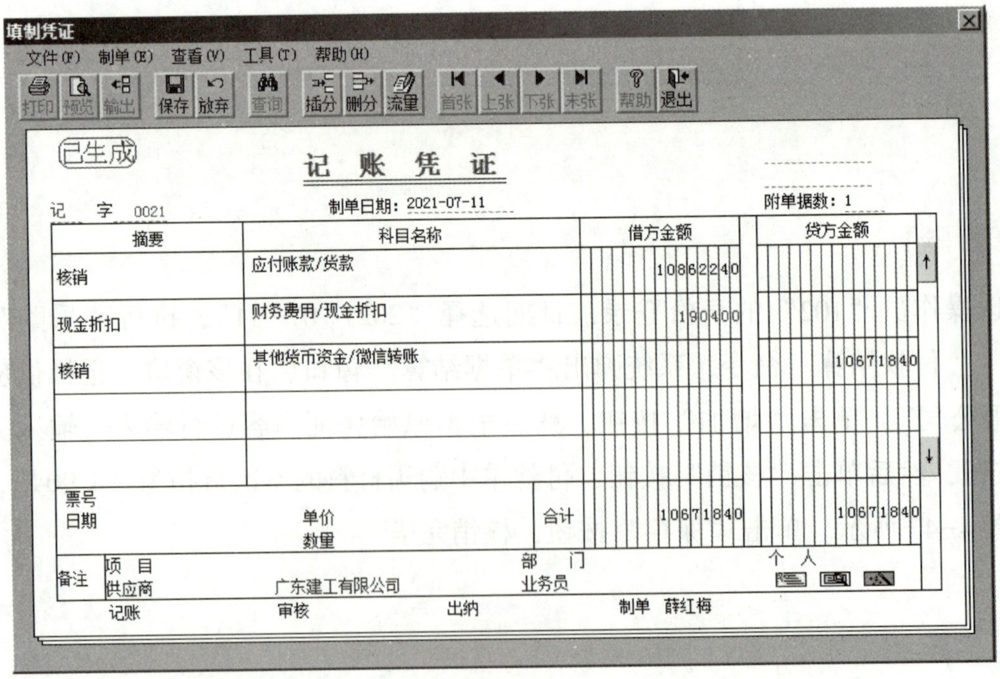

图 4-48

任务 3.5 15 日，收到原材料。购销存及核算模块完成

【任务描述】

材料入库单如图 4-49 所示。

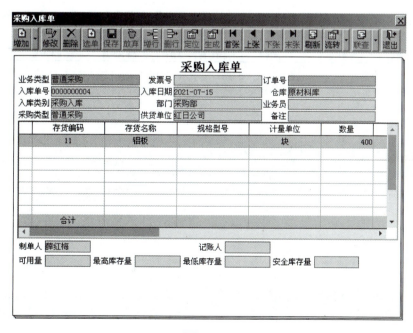

图 4-49

【操作步骤】

（1）以操作员"102"的身份登录，日期选择"2021-07-15"，执行"采购"—"采购入库单"命令，在打开的"采购入库单"窗口中，单击"增加"按钮旁边的箭头，再单击"采购入库单"按钮，根据原始凭证输入有关内容，输入完毕，单击"保存"按钮，如图 4-50 所示。

图 4-50

（2）执行"采购"—"采购结算"—"手工结算"命令，进入"条件输入"窗口，在该窗口，修改条件日期为"2021-06-01 到 2021-07-31"，其余默认，单击"确定"按钮，系统弹出"入库单和发票选择"窗口，如图 4-51 所示。

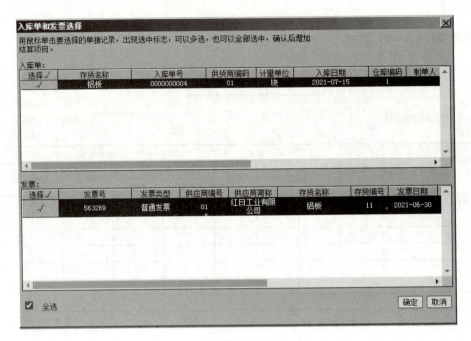

图 4-51

窗口的上方勾选 7 月 15 日"铝板"的采购入库单，下方勾选 6 月 30 日的"铝板"采购发票。下一步，系统将入库单和相应的采购发票进行结算，单击"确定"按钮，系统弹出"手工结算"窗口，如图 4-52 所示。在"手工结算"窗口，单击"结算"按钮，结算结束，系统会自动回填成本。

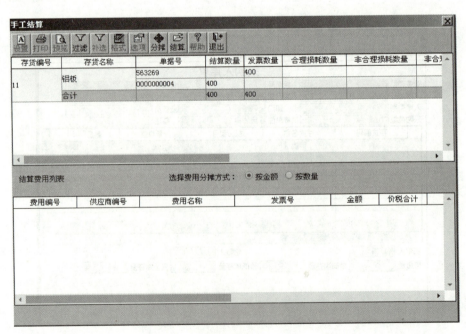

图 4-52

(3)执行"库存"—"采购入库单审核"命令,在打开的"采购入库单审核"窗口中,找到 7 月 15 日"铝板"的入库单,单击"复核"按钮。

(4)执行"核算"—"核算"—"正常单据记账"命令,在打开的"正常单据记账条件"窗口中单击"全选",然后单击"确定"按钮。在打开的"正常单据记账"窗口中,单击"全选"—"记账"按钮,系统显示"记账完成",如图 4-53 所示。

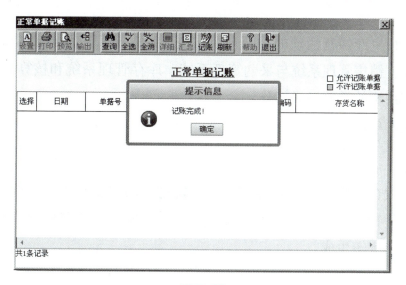

图 4-53

(5)执行"核算"—"凭证"—"购销单据制单",在打开的"生成凭证"窗口中单击"选择"按钮,在"查询条件"窗口中单击"全选",然后单击"确定"按钮。在打开的"选择单据"窗口中,单击"全选"—"确定"按钮。在打开的"生成凭证"窗口中单击"生成"按钮。在打开的"填制凭证"窗口中单击"保存"按钮。最终生成的凭证如图 4-54 所示。

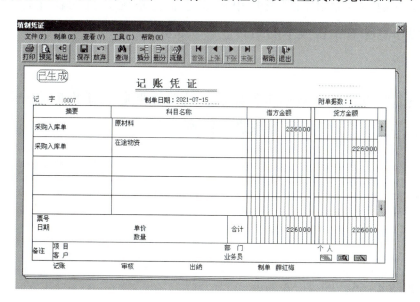

图 4-54

任务 4 销售业务处理

【知识准备】

销售是企业进行生产经营活动的重要环节。企业通过销售产品或者提供劳务取得经济利益，最终实现利润，销售管理系统与采购管理系统、库存管理系统和核算管理系统密切相关，是企业供应链管理系统的重要组成部分。

销售业务的主要单据有：

1. 销售发货单

销售发货单代表企业将货物交给客户，是销售过程的重要环节，是确认发货的依据。客户通过发货单取得货物所有权，仓库根据发货单办理出库。发货单可以直接录入，也可以由销售订单或销售发票流转生成。

2. 销售发票

销售发票的开具是销售业务的重要环节，是销售收入、增值税和应收账款的确认依据，开具了销售发票代表着产品所有权的转移。按照发票类型，销售发票可分为普通发票和专用发票；按照业务性质，可分为蓝字发票和红字发票。

3. 销售出库单

在销售系统中的销售发票和销售发货单审核之后，系统会自动在库存系统生成销售出库单，一般销售出库单意味着销售成本的结转。

4. 收款单

将客户购买的货物发出并开具销售发票后，就要按照收款条件向客户收取货款，这时就要录入收款单据，并与该客户的应收款项进行核销。

任务 4.1　5 日，销售产品开出发货单，次日，开具专用发票。购销存及核算模块完成

任务 4.1

【任务描述】

本部分内容如图 4-55、图 4-56 所示。

图 4-55

图 4-56

【操作步骤】

（1）以操作员"102"的身份登录，日期选择"2021-07-05"，执行"销售"—"销售发货单"命令，打开"发货单"窗口，在该窗口，单击"增加"按钮旁边的箭头，然后单击"发货单"按钮，系统会自动增加一张空白发货单，根据原始凭证的内容录入，录入完毕，单击"保存"和"审核"按钮，如图 4-57 所示。

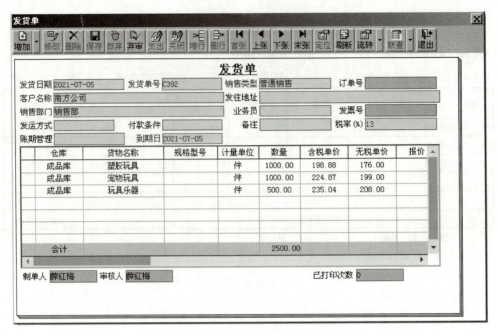

图 4-57

（2）执行"文件"—"重新注册"命令，仍然以操作员"102"的身份登录，登录日期为"2021-07-06"，进入系统门户界面后，执行"销售"—"销售发货单"命令，打开刚才录入的发货单，单击"流转"按钮旁边的箭头，然后单击"生成专用发票"按钮，根据原始凭证内容修改或补充数据。输入完毕，单击"保存"按钮保存数据，再单击"复核"按钮登记应收账款。销售专用发票如图 4-58 所示。

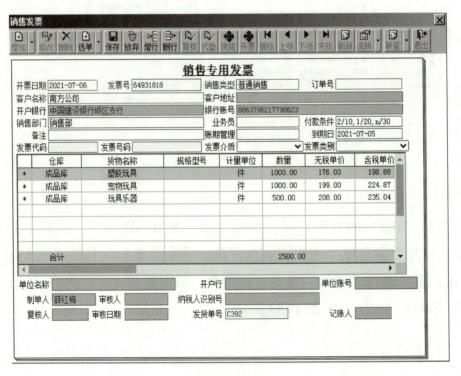

图 4-58

执行"库存"—"销售出库单生成/审核"命令，翻阅"上张""下张"按钮，找到系统自动生成的销售出库单，单击"复核"按钮，如图4-59所示。

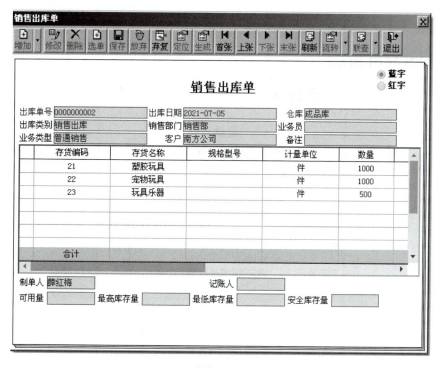

图 4-59

（3）执行"核算"—"凭证"—"客户往来制单"命令，在弹出的"客户制单查询"窗口中勾选"发票制单"，日期为"2021-07-06"，然后单击"确定"按钮。在"客户往来制单"窗口中，单击"全选"—"制单"按钮。在"填制凭证"窗口，单击"保存"按钮保存凭证。最后生成的凭证如图4-60所示。

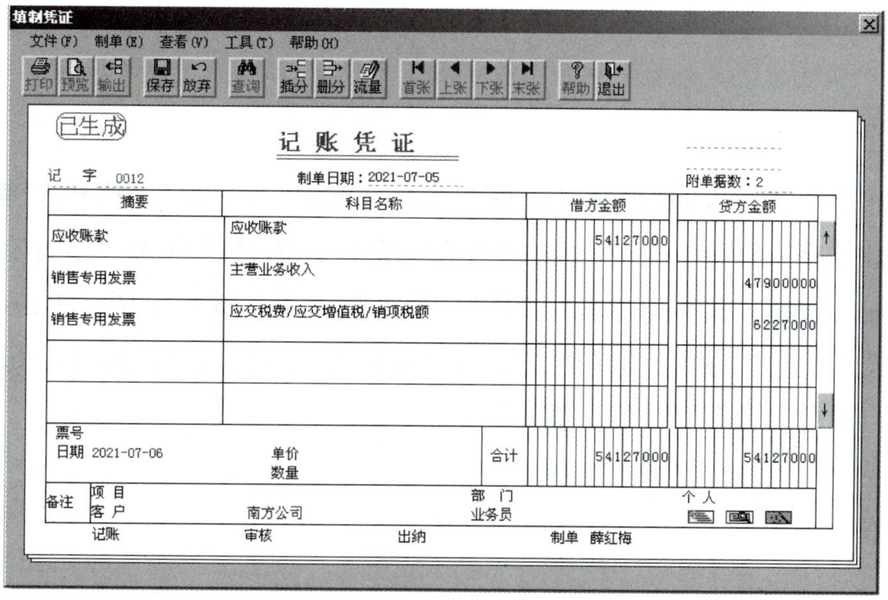

图 4-60

任务 4.2　9 日，收到货款

【任务描述】

账单详情 1 如图 4-61 所示。

图 4-61

【操作步骤】

（1）以操作员"102"的身份登录，日期选择"2021-07-09"，执行"销售"—"客户往来"—"收款结算"命令，打开"收款结算"窗口，选择客户为"南方有限责任公司"，然后单击"增加"按钮，按照原始凭证的内容录入收款单，输入完毕，单击"保存"按钮。然后单击"核销"按钮，在本次折扣栏内输入计算的现金折扣金额，如图 4-62 所示。在"收款结算"窗口，单击"保存"按钮，核销完毕。

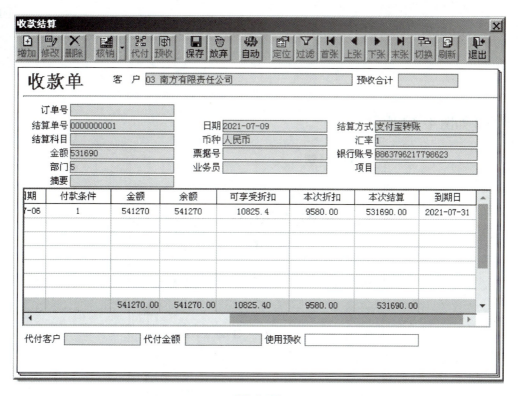

图 4-62

（2）执行"核算"—"凭证"—"客户往来制单"，在打开的"客户制单查询"窗口中，勾选"核销制单"，然后单击"确定"按钮，在"客户往来制单"窗口中单击"全选"—"制单"按钮。在弹出的"填制凭证"窗口中，补全科目名称等内容，然后单击"保存"按钮保存凭证。最后生成的凭证如图 4-63 所示。

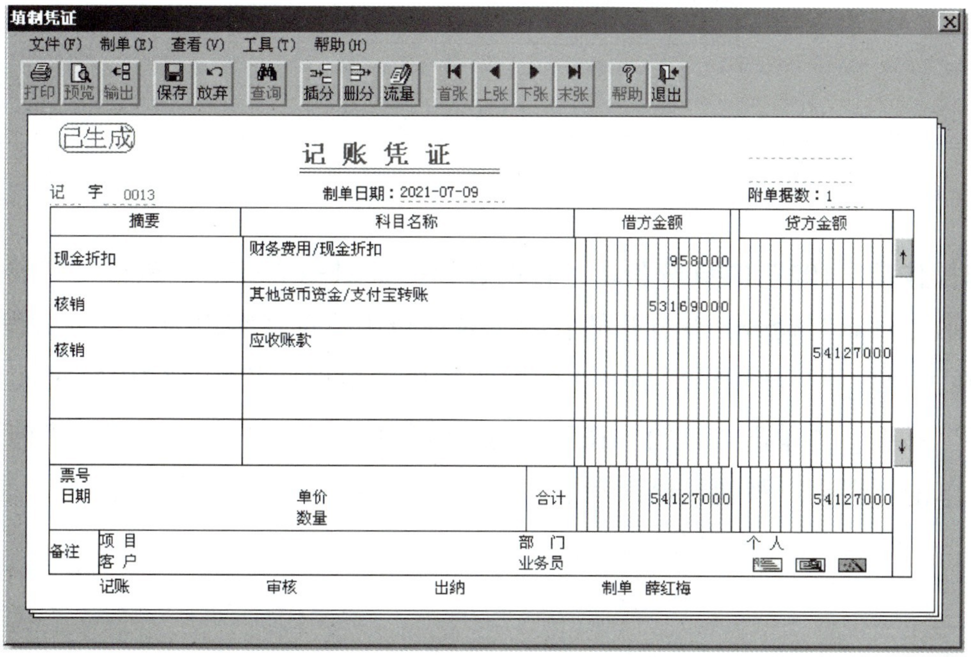

图 4-63

任务 4.3 12 日，收到货款。购销存及核算模块完成

【任务描述】

账单详情 2 如图 4-64 所示。

图 4-64

【操作步骤】

（1）以操作员"102"的身份登录，日期选择"2021-07-12"，执行"销售"—"客户往来"—"收款结算"命令，在打开的收款结算窗口中，选择客户为"江苏大发有限责任公司"，然后单击"增加"按钮，增加一张空白收款单，根据原始凭证的内容录入，输入完毕，单击"保存"按钮。再单击"核销"按钮，将正确的计算结果填入本次折扣栏内，如图 4-65 所示。然后单击"保存"按钮，核销完毕。

图 4-65

（2）执行"核算"—"凭证"—"客户往来制单"，打开"客户制单查询"窗口，勾选"核销制单"选项，日期为"2021-07-12"，单击"确定"按钮。在"客户往来制单"窗口中，单击"全选"按钮，然后单击"制单"按钮。在打开的"填制凭证"窗口中，补全会计科目等信息，单击"保存"按钮保存凭证。最后生成的凭证如图4-66所示。

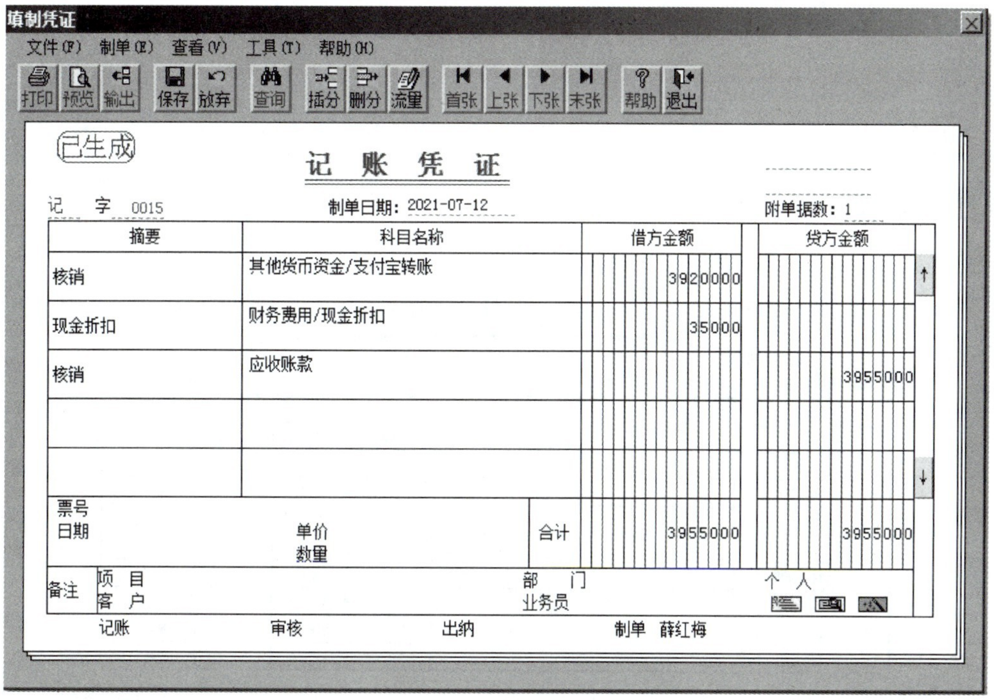

图 4-66

任务 5　库存核算业务处理

【知识准备】

库存管理是企业供应链系统的一个重要环节，库存管理的好坏会直接对企业采购、生产以及销售业务产生重要影响。企业库存管理系统是企业会计信息化系统的重要组成部分。库存管理系统的基本功能主要有：

①采购入库单的审核、产成品入库单和其他入库单的审核。

②进行库存盘点业务、审核生产加工单和库存调拨单。

③生成及审核销售出库单、材料出库单和其他出库单。

④进行库存系统的月末结账业务。

核算管理是企业供应链系统的重要组成部分，主要是用于核算企业存货的入库成本、出库成本和结存成本，反映和监督存货的收发和管理情况。企业核算管理系统也是企业会计信息化系统的重要组成部分，核算管理系统的基本功能主要有：

①正常、特殊单据记账及暂估成本处理。

②核算管理的月末处理和月末结账。

③购销单据制单、供应商往来制单以及客户往来制单。

任务 5.1　31 日，生产车间领用原材料。购销存及核算模块生成 3 张凭证

任务 5.1

【任务描述】

领料单如图 4-67~图 4-69 所示。

图 4-67

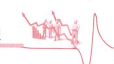

领　料　单

科技伴随 高效学习

领用部门：生产车间

仓库：原材料库　　　　2021 年 07 月 31 日　　　　编号：041

编号	类别	材料名称	规格	单位	数量		实际成本	
					请领	实发	单价	金额
11		铝板		块	400	400		0.00
13		聚苯乙烯塑料		块	400	400		0.00
15		玻璃		块	400	400		0.00
16		粘合剂		千克	40	40		0.00
17		树脂胶		千克	30	30		0.00
用途	生产宠物玩具				领料部门		发料部门	
					负责人	领料人	核准人	发料人

第三联 记账联

图 4-68

领　料　单

科技伴随 高效学习

领用部门：生产车间

仓库：原材料库　　　　2021 年 07 月 31 日　　　　编号：043

编号	类别	材料名称	规格	单位	数量		实际成本	
					请领	实发	单价	金额
11		铝板		块	300	300		0.00
14		泡沫塑料		块	300	300		0.00
15		玻璃		块	300	300		0.00
16		粘合剂		千克	35	35		0.00
17		树脂胶		千克	30	30		0.00
用途	生产玩具乐器				领料部门		发料部门	
					负责人	领料人	核准人	发料人

第三联 记账联

图 4-69

【操作步骤】

（1）以操作员“102”的身份登录，日期选择“2021-07-31”，执行“库存”—“材料出库单”命令，系统进入“材料出库单”窗口，单击“增加”按钮，增加一张空白的材料出库单，然后根据原始凭证内容进行录入，首先录入第一张材料出库单，输入完毕，单击“保存”和“审核”按钮，如图 4-70 所示。

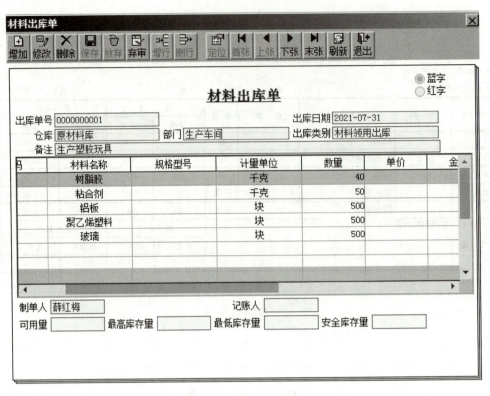

图 4-70

按照同样的方法录入其他 2 张材料出库单，如图 4-71、图 4-72 所示。注意要对所有的材料出库单进行保存和审核。

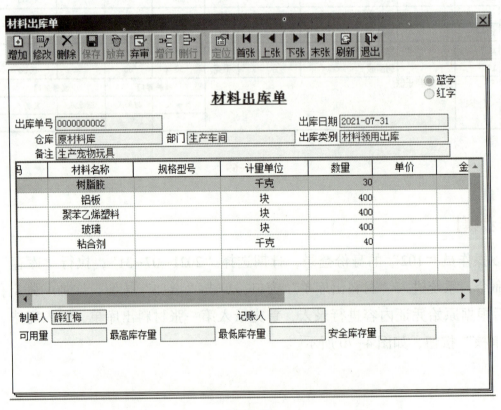

图 4-71

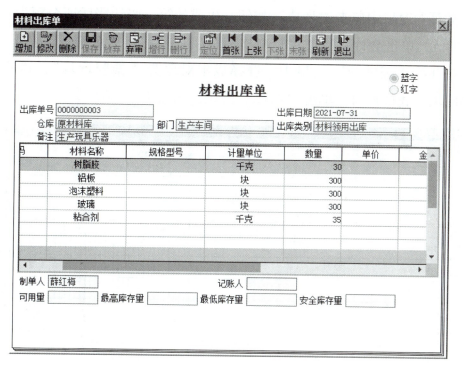

图 4-72

（2）执行"核算"—"核算"—"正常单据记账"命令，打开"正常单据记账条件"窗口，单击"全选"—"确定"按钮，选择所有的材料出库单。单击"记账"按钮，然后执行"核算"—"凭证"—"购销单据制单"命令，在打开的"生成凭证"窗口，单击"选择"。在"查询条件"窗口中单击"全选"—"确定"按钮，系统进入"选择单据"窗口，在该窗口选择3张材料出库单，然后单击"确定"按钮，如图4-73所示。

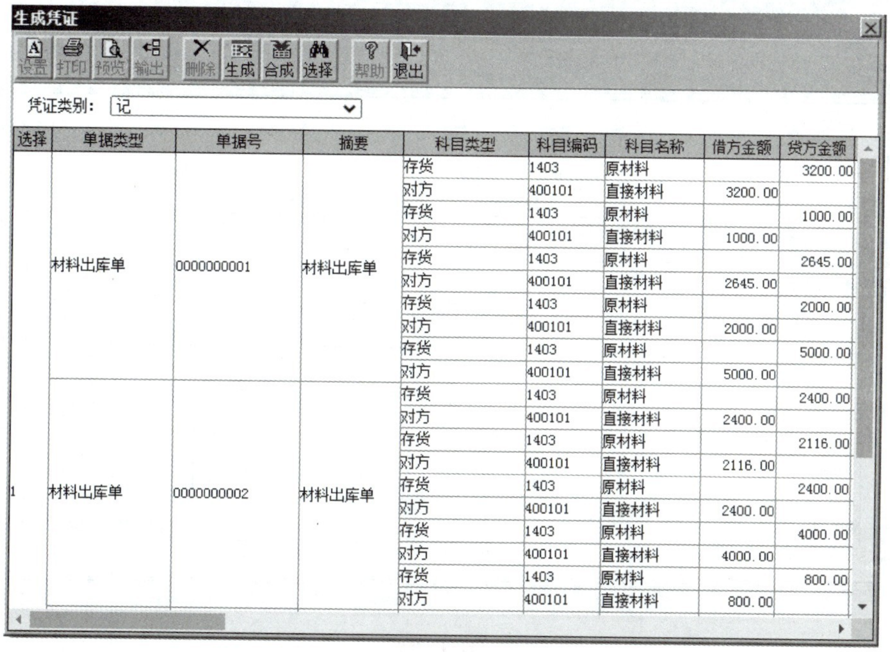

图 4-73

在"生成凭证"窗口中单击"生成"按钮,生成的第一张记账凭证金额为"13 845"(对应1#材料出库单),单击会计科目"生产成本/直接材料",然后双击凭证左下角"项目"前的空白处,在打开的"辅助项"窗口中,选择成本对象为"塑胶玩具",然后单击"确认"按钮。在返回的填制凭证窗口,单击"保存"按钮,如图4-74所示。

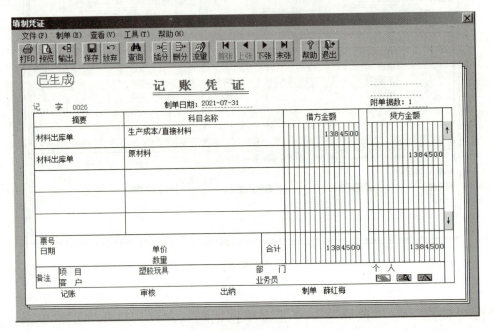

图4-74

单击"下张"按钮,金额为"11 716",将科目"生产成本/直接材料"的辅助项设置为"宠物玩具",然后单击"保存"按钮,如图4-75所示。

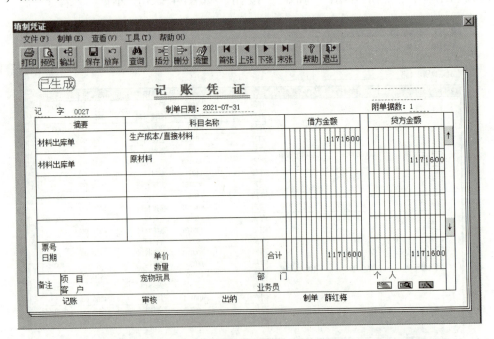

图4-75

单击"下张"按钮，金额为"10 087"，将科目"生产成本/直接材料"的辅助项设置为"玩具乐器"，然后单击"保存"按钮，如图4-76所示，然后单击"退出"按钮。

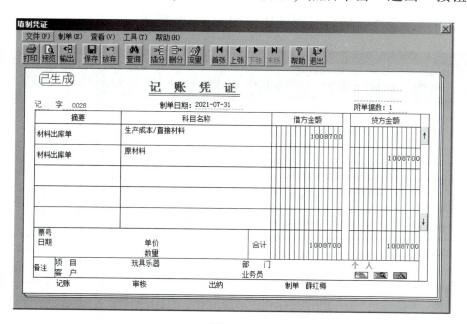

图 4-76

任务 5.2　分配制造费用（生产工时：塑胶玩具 500 小时，宠物玩具：400 小时，玩具乐器 600 小时，分配率保留 4 位小数，尾差计入最后产品），总账系统完成

任务 5.2

【任务描述】

制造费用分配如图 4-77 所示。

图 4-77

【操作步骤】

以操作员"102"的身份登录，日期选择"2021-07-31"，单击"总账"—"账簿查询"—"总账"，在打开的"总账查询条件"窗口中，选择科目为"4101"，勾选"包含未记

账凭证"复选框,然后单击"确认"按钮,查得制造费用的余额为"14 198",根据题目要求将制造费用余额进行分配。然后执行"总账"—"凭证"—"填制凭证"命令,根据计算结果输入各科目的借贷方金额,最后编制的凭证如图4-78所示。

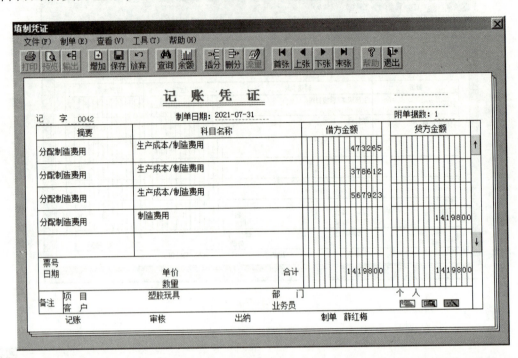

图4-78

任务 5.3 产品完工入库,月末无在产品。购销存及核算模块完成

任务 5.3

【任务描述】

本部分内容如图 4-79~图 4-82 所示。

图4-79

科技伴随 高效学习

产品成本计算单

完工产品 宠物玩具400件

2021 年 07 月 31 日　　在产品 无

摘要	直接材料	直接人工	制造费用	合计
月初在产品成本				
本月发生费用				
月末在产品成本				
完工产品成本				
完工产品单位成本				

审核：　　制表：

图 4-80

科技伴随 高效学习

产品成本计算单

完工产品 玩具乐器650件

2021 年 07 月 31 日　　在产品 无

摘要	直接材料	直接人工	制造费用	合计
月初在产品成本				
本月发生费用				
月末在产品成本				
完工产品成本				
完工产品单位成本				

审核：　　制表：

图 4-81

科技伴随 高效学习

产成品入库单

仓库： 成品库

交库单位： 生产车间　　2021 年 07 月 31 日　　编号： 131

产品编号	产品名称	规格	计量单位	数量		单位成本	总成本	备注
				送检	实收			
21	塑胶玩具		件	500	500			
22	宠物玩具		件	400	400			
23	玩具乐器		件	650	650			

仓库主管：　　保管员：　　记账：　　制单：

图 4-82

【操作步骤】

(1) 以操作员“102”的身份登录，日期选择“2021-07-31”，执行“项目”—“账簿”—“项目总账”—“项目总账”命令，打开“项目总账”窗口。在该窗口，科目选择“400101 直接材料”—“400103 制造费用”，项目大类选择“成本对象”，项目选择“塑胶玩具”，月份为“2021-7”，勾选“包含未记账凭证”，然后单击“确定”按钮，如图 4-83 所示。

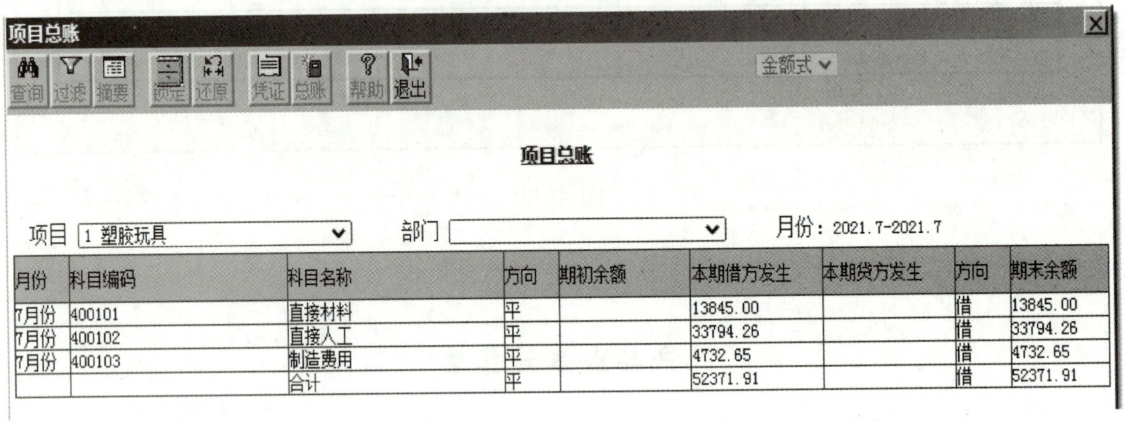

月份	科目编码	科目名称	方向	期初余额	本期借方发生	本期贷方发生	方向	期末余额
7月份	400101	直接材料	平		13845.00		借	13845.00
7月份	400102	直接人工	平		33794.26		借	33794.26
7月份	400103	制造费用	平		4732.65		借	4732.65
		合计	平		52371.91		借	52371.91

图 4-83

然后采用同样的方法分别查询另外两种产品的项目总账，分别如图 4-84 和图 4-85 所示。

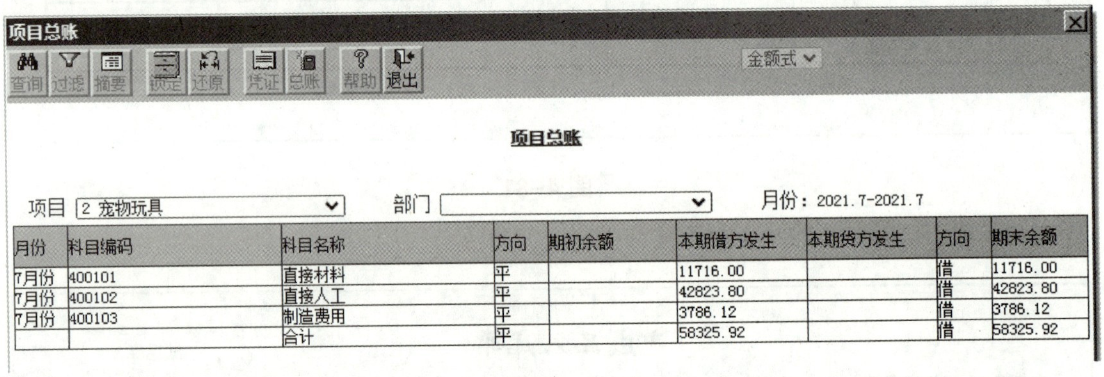

月份	科目编码	科目名称	方向	期初余额	本期借方发生	本期贷方发生	方向	期末余额
7月份	400101	直接材料	平		11716.00		借	11716.00
7月份	400102	直接人工	平		42823.80		借	42823.80
7月份	400103	制造费用	平		3786.12		借	3786.12
		合计	平		58325.92		借	58325.92

图 4-84

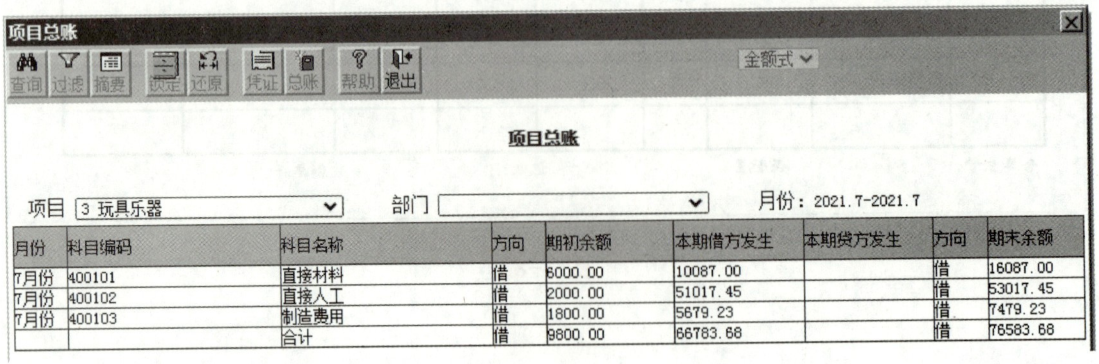

月份	科目编码	科目名称	方向	期初余额	本期借方发生	本期贷方发生	方向	期末余额
7月份	400101	直接材料	借	6000.00	10087.00		借	16087.00
7月份	400102	直接人工	借	2000.00	51017.45		借	53017.45
7月份	400103	制造费用	借	1800.00	5679.23		借	7479.23
		合计	借	9800.00	66783.68		借	76583.68

图 4-85

（2）单击"库存"—"产成品入库单"，在"产成品入库单"窗口中，单击"增加"按钮，输入入库单的有关信息，产品名称为"塑胶玩具"，根据项目总账的查询结果输入金额，同时单击"审核"按钮，如图 4-86 所示。

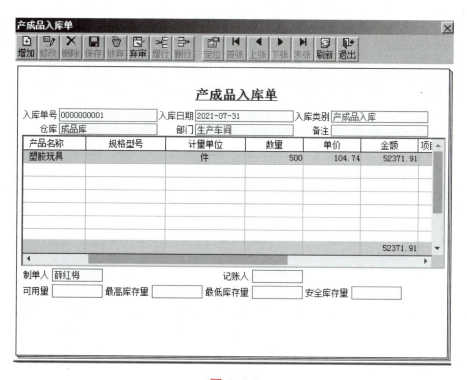

图 4-86

采用同样的方法，输入"宠物玩具"和"玩具乐器"的产成品入库单，并单击"保存"和"审核"按钮，如图 4-87 和图 4-88 所示。

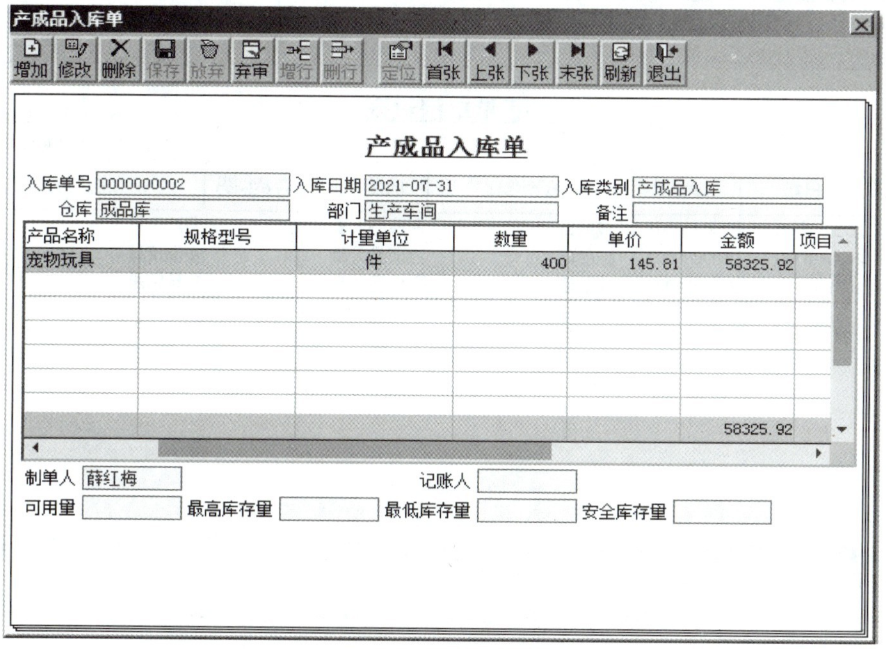

图 4-87

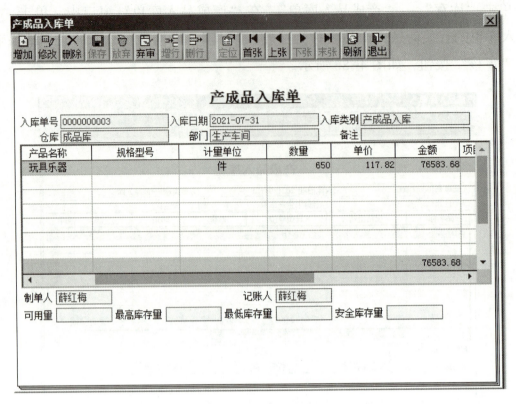

图 4-88

(3) 执行"核算"—"核算"—"正常单据记账"命令,在打开的"正常单据记账条件"窗口中,单击"全选"—"确定"按钮,系统进入"正常单据记账"窗口,如图 4-89 所示。在该窗口,选择 3 张产成品入库单,然后单击"记账"按钮,记账完成。

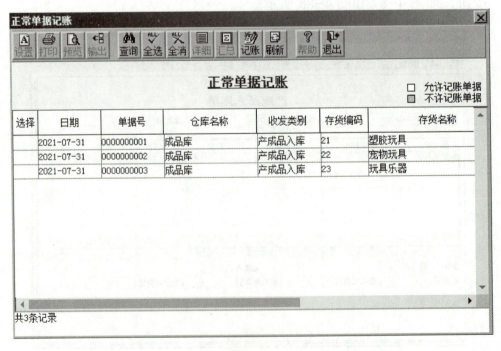

图 4-89

（4）执行"核算"—"凭证"—"购销单据制单"命令，在打开的"生成凭证"窗口中，单击"选择"按钮，在打开的"查询条件"窗口中，单击"全选"—"确定"按钮，系统进入"选择单据"窗口中。在该窗口选择3张产成品入库单的单据，然后单击"确定"按钮，系统进入"生成凭证"窗口，如图4-90所示。

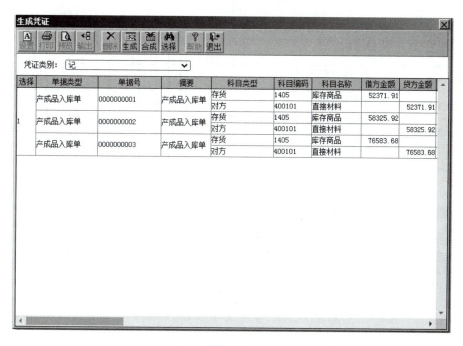

图 4-90

（5）在该窗口，单击"生成"按钮，根据项目总账中查询的数据结果，调整并修改会计科目及发生额，生成的3张凭证如图4-91、图4-92、图4-93所示。

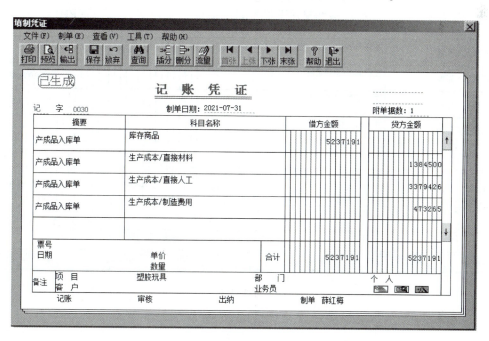

图 4-91

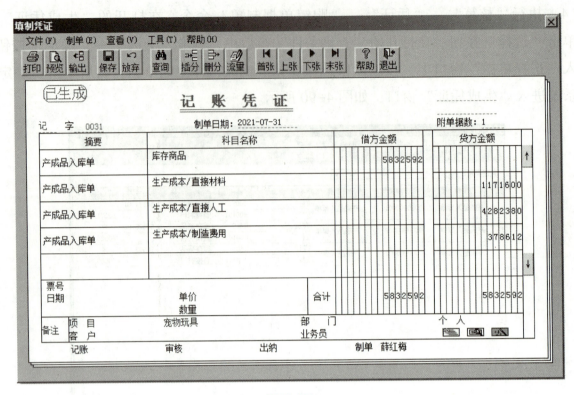

图 4-92

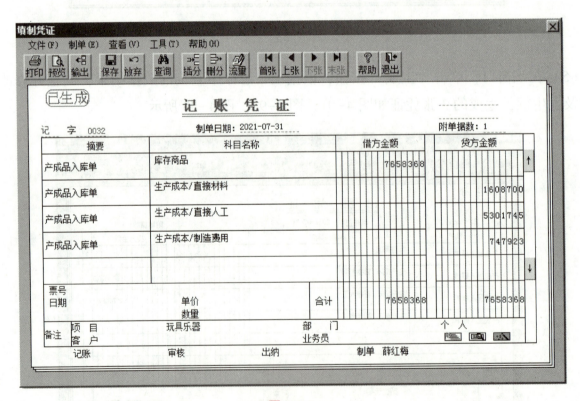

图 4-93

同步练习

一、单选题

1. 填制采购发票未现付后生成凭证，需要采用供应商往来制单中的（　　）。
   A. 发票制单　　　　　　　　　　B. 应付单制单
   C. 核销制单　　　　　　　　　　D. 现结制单

2. 填制付款单以支付前欠货款生成凭证，需要采用供应商往来制单中的（　　）。
   A. 发票制单　　　　　　　　　　B. 应付单制单
   C. 核销制单　　　　　　　　　　D. 现结制单

3. 对采购入库单进行审核，应当在（　　）系统中进行。
   A. 总账　　　　　　　　　　　　B. 采购
   C. 库存　　　　　　　　　　　　D. 销售

4. 发货单可以流转生成（　　）。
   A. 销售单　　　　　　　　　　　B. 销售发票
   C. 采购发票　　　　　　　　　　D. 采购入库单

5. 在畅捷教育云平台中，系统默认的暂估方式是（　　）。
   A. 月初回冲　　　　　　　　　　B. 单到回冲
   C. 单到补差　　　　　　　　　　D. 以上都不对

同步练习答案

二、多选题

1. 购买材料入库，需要进行结算的有（　　）。
   A. 采购入库单　　　　　　　　　B. 采购订单
   C. 采购发票　　　　　　　　　　D. 发货单

2. 采购订单可以流转生成（　　）。
   A. 采购入库单　　　　　　　　　B. 采购专用发票
   C. 销售发票　　　　　　　　　　D. 采购普通发票

3. 客户往来制单包括（　　）。
   A. 发票制单　　　　　　　　　　B. 应收单制单
   C. 核销制单　　　　　　　　　　D. 现结制单

4. 销售订单可以流转生成（　　）。
   A. 采购入库单　　　　　　　　　B. 采购专用发票
   C. 销售发票　　　　　　　　　　D. 发货单

5. 下面需要在库存管理系统中审核的单据有（　　）。

A. 采购入库单　　　　　　　　　　B. 产成品入库单

C. 其他入库单　　　　　　　　　　D. 材料出库单

三、判断题

1. 要核算本月的业务，采购管理、库存管理等系统必须期初记账。（　　）

2. 发货单可以流转生成销售发票，销售发票不能流转生成发货单。（　　）

3. 采购订单未经审核就可以流转生成采购入库单。（　　）

4. 销售出库单是在库存管理系统中生成的。（　　）

5. 核算管理系统默认的暂估方式是月初回冲。（　　）

项目五

月末处理

技能目标

1. 掌握月末自动转账定义和生成凭证的流程；
2. 熟悉期间损益结转定义和生成凭证的流程；
3. 掌握出纳签字、审核凭证、记账以及结账的流程；
4. 培养学生持之以恒、不怕困难的精神。

任务1　期末业务处理

【知识准备】

采购、销售、库存核算系统的结账意味着本月购销存业务的终结，结账后，本月购销存业务不能进行操作。另外，由于成品库的核算方法是"全月一次加权平均法"，所以只有在核算系统月末处理之后才能生成结转已销产品的凭证，而核算系统只有在月末处理后才能结账。

任务1.1　购销存系统月末结账

任务1.1

【任务描述】

采购管理、销售管理、库存管理系统进行结账，核算系统月末处理。

【操作步骤】

（1）以操作员"102"的身份登录，日期选择"2021-07-31"，执行"采购"—"月末结账"命令，在打开的"月末结账"窗口中，选择标记列中选择月份为 7 月，然后单击"结账"按钮，如图 5-1 所示。

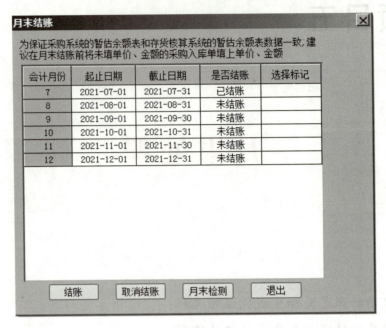

图 5-1

按照同样方法对销售管理和库存管理系统结账，如图 5-2 和图 5-3 所示。在库存系统结账前，必须审核所有的销售出库单和其他出库单。

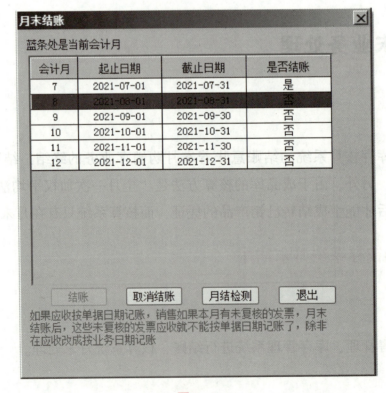

图 5-2

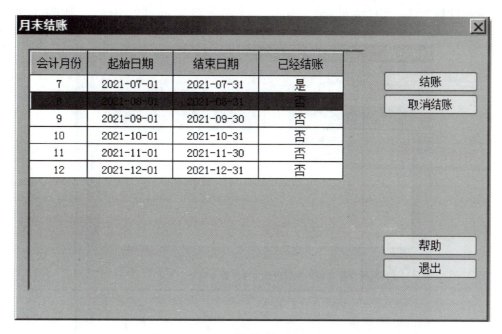

图 5-3

（2）执行"核算"—"核算"—"正常单据记账"，在打开的"正常单据记账条件"窗口中，单击"全选"—"确定"按钮，在随后打开的"正常单据记账条件"窗口中，单击"全选"—"记账"，将销售出库单记账，如图 5-4 所示。

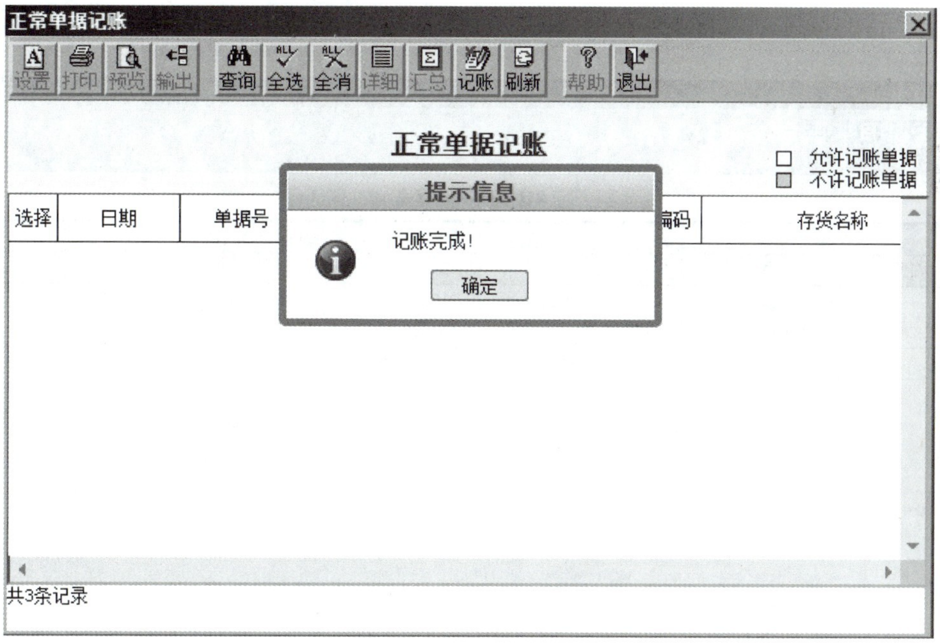

图 5-4

（3）执行"核算"—"月末处理"命令，打开"月末处理"窗口，如图5-5所示。

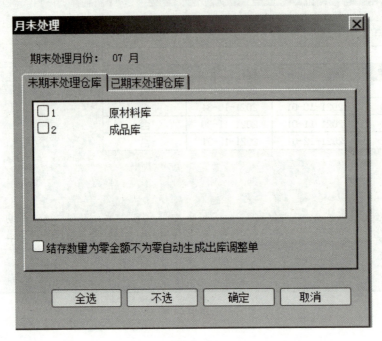

图 5-5

在该窗口，单击"全选"按钮，然后单击"确定"按钮，系统弹出提示："您将对所选仓库进行期末处理，确认进行吗？"单击"确定"按钮后，系统进入"成本计算表"窗口，系统自动计算销售产品的成本，如图5-6所示，然后单击"确定"按钮，如图5-7所示。

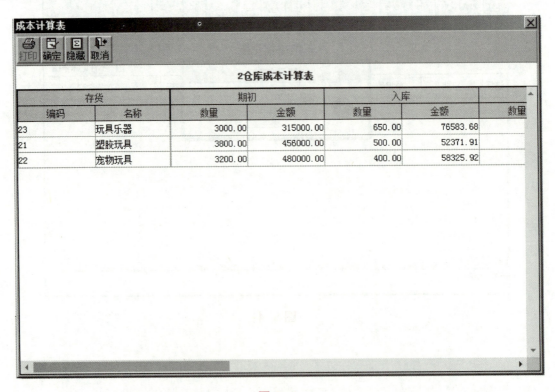

图 5-6

项目五 月末处理

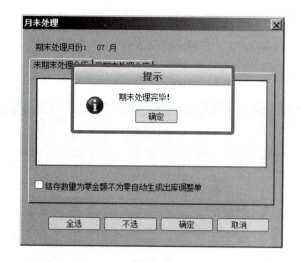

图 5-7

任务 1.2 结转销售产品成本

任务 1.2

【任务描述】

结转已销产品成本（1 张凭证）并对核算系统结账。

【操作步骤】

（1）以操作员"102"的身份登录，日期选择"2021-07-31"，执行"核算"—"凭证"—"购销单据制单"命令，在打开的"生成凭证"窗口中，单击"选择"按钮，在随后打开的"查询条件"窗口中单击"全选"—"确定"按钮，系统进入"选择单据"窗口，在该窗口单击"全选"—"确定"按钮，系统弹出"生成凭证"窗口，如图 5-8 所示。

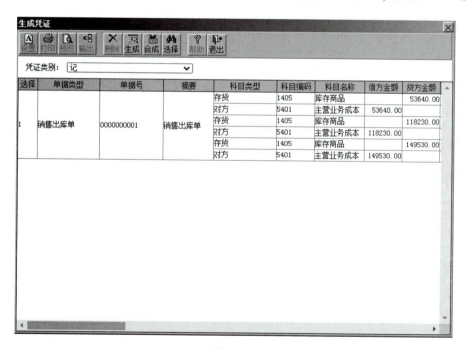

图 5-8

187

在该窗口，单击"合成"按钮，将"库存商品"科目设置为 3 个不同的产品项目，根据图 5-8，塑胶玩具金额为"118230"，宠物玩具金额为"149530"，玩具乐器金额为"53640"。最后生成的凭证如图 5-9 所示。

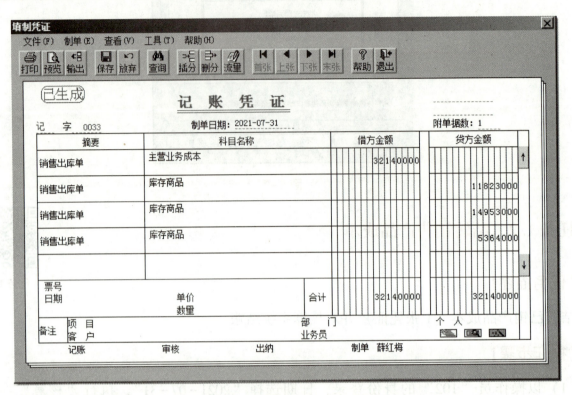

图 5-9

（2）执行"核算"—"月末结账"命令，将核算系统结账。

任务 1.3　期间损益结转设置

【任务描述】

结转期间损益，总账系统完成。

【操作步骤】

（1）以操作员"102"的身份登录，日期选择"2021-07-31"，执行"总账"—"期末"—"转账定义"—"期间损益"命令，在打开的"期间损益结转设置"窗口中，选择本年利润科目为"3103 本年利润"，如图 5-10 所示，然后单击"确定"按钮。

图 5-10

（2）执行"总账"—"期末"—"转账生成"命令，在打开的"转账生成"窗口中，单击"期间损益结转"选项，选择"包含未记账凭证"选择框，结转月份为"2021.7"，类型为"全部"，如图 5-11 所示，在该窗口，单击"全选"—"确定"按钮。最后生成的凭证如图 5-12~图 5-14 所示。

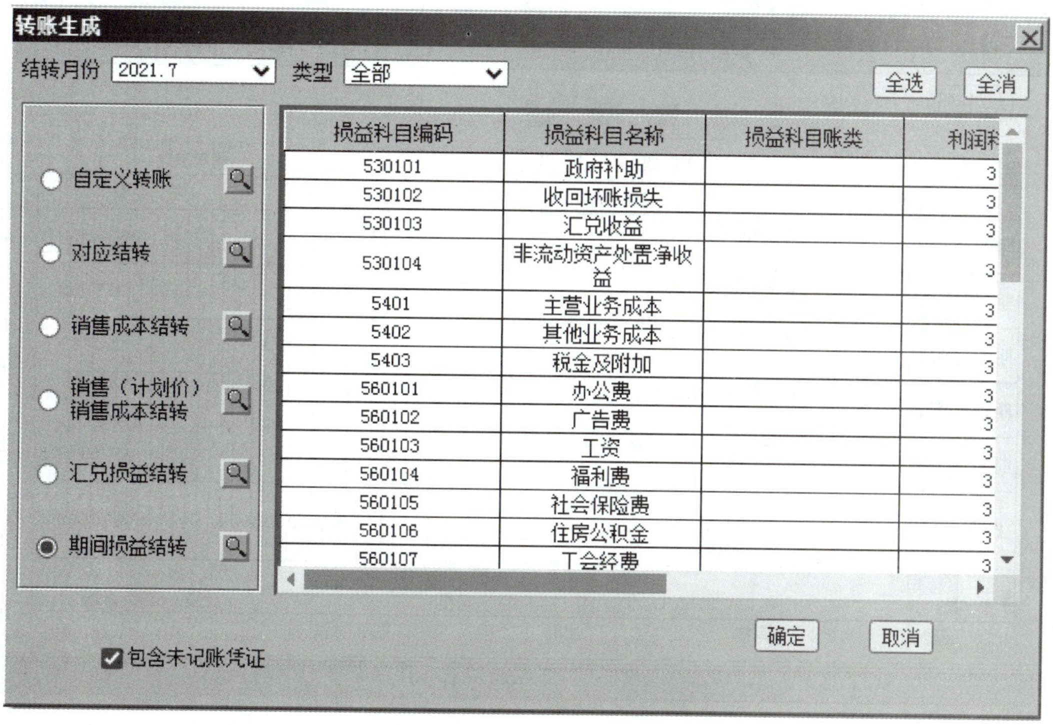

图 5-11

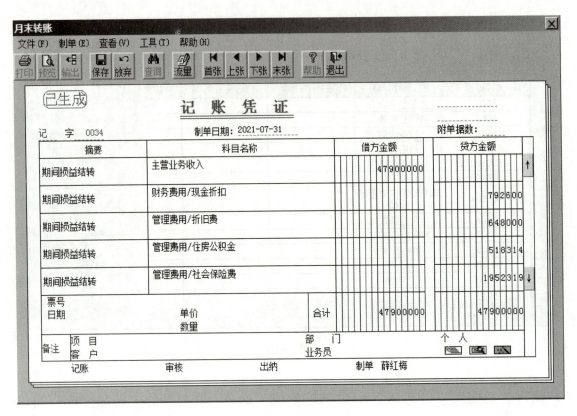

图 5-12

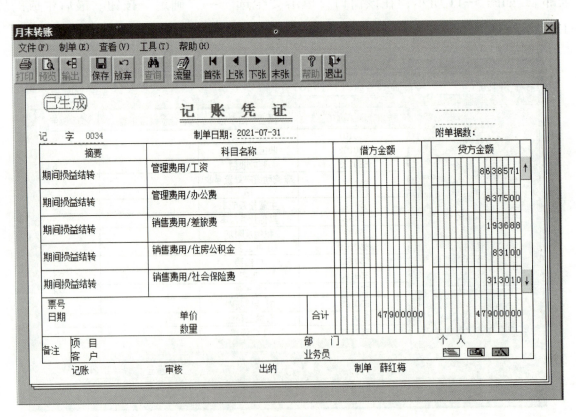

图 5-13

项目五 月末处理

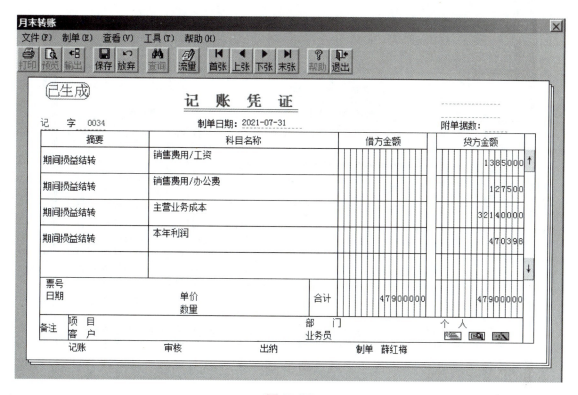

图 5-14

任务 2 对账与结账

任务 总账系统期末处理

【任务描述】

进行出纳签字、审核凭证、记账和结账。

任务 2.1

【操作步骤】

（1）出纳签字：以操作员"103"的身份登录，日期选择"2021-07-31"，执行"总账"—"凭证"—"出纳签字"命令，在打开的"出纳签字查询"窗口中，选择月份为"2021.7"，然后单击"确认"按钮。在打开的窗口中，单击"确定"按钮，系统进入"出纳签字"窗口，在该窗口，执行"出纳"—"成批出纳签字"命令，在"成批签字结果表"窗口中单击"确定"按钮，如图 5-15 所示。可单击"首张"—"上张"—"下张"—"末张"按钮，浏览其他的已签字凭证。

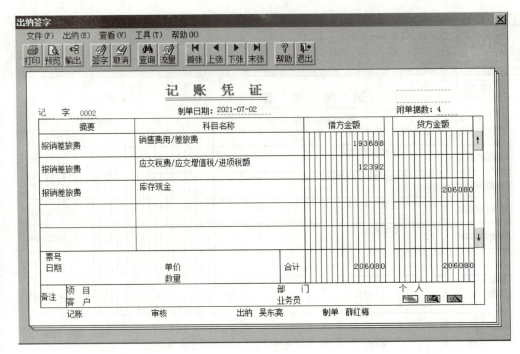

图 5-15

(2) 审核凭证：以操作员"101"的身份登录，日期选择"2021-07-31"，执行"总账"—"凭证"—"审核凭证"命令，在打开的"凭证审核查询"窗口中，选择月份为"2021.7"，单击"确认"按钮，在随后打开的窗口中，单击"确定"按钮，系统进入"凭证审核"窗口中，执行"审核"—"成批审核凭证"命令，在"成批审核结果表"中单击"确认"按钮，如图 5-16 所示。

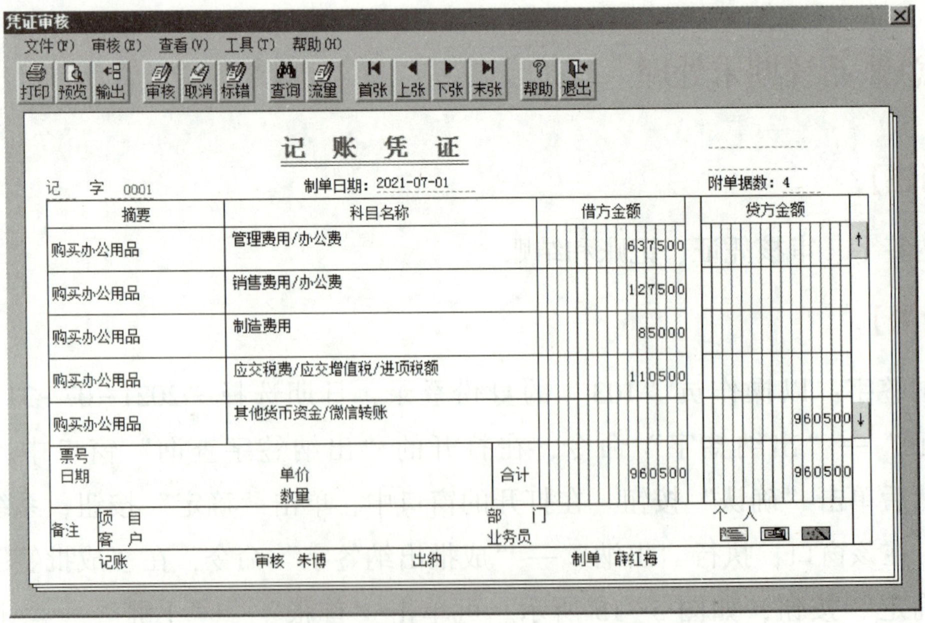

图 5-16

可单击"首张"—"上张"—"下张"—"末张"按钮，浏览其他的已审核凭证。

（3）记账：以操作员"102"的身份登录，日期选择"2021-07-31"，执行"总账"—"凭证"—"记账"命令，在弹出的"记账"窗口中，步骤"1. 选择本次记账范围"中单击"下一步"按钮，步骤"2. 记账报告"中单击"记账"按钮，系统弹出"期初试算平衡表"窗口，如图5-17所示。然后单击"确认"按钮，系统进入步骤"3. 记账"，弹出"记账完成"窗口，单击"确定"按钮，记账完毕。对于出纳签字、审核凭证和记账，在填制凭证的过程中可随时进行。

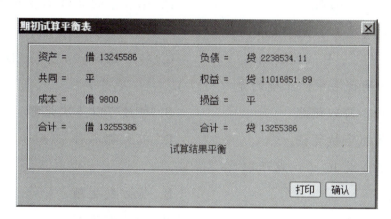

图 5-17

（4）结账：以操作员"102"的身份登录，日期选择"2021-07-31"，执行"固定资产"—"处理"—"月末结账"命令，在打开的"月末结账"窗口中单击"开始结账"按钮，结账完成。采用相同的方法对工资管理系统进行月末处理。执行"总账"—"期末"—"结账"命令，在打开的"月末结账"窗口中，选择月份为"2021.07"，然后单击"下一步"—"对账"按钮。在"对账完毕"提示窗中单击"确定"按钮，然后选择"下一步"—"结账"，总账结账完毕，如图5-18所示。

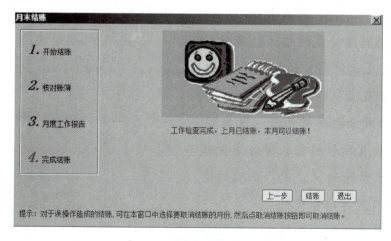

图 5-18

同步练习

一、单选题

1. 下列关于出纳签字的说法中,正确的是( )。
   A. 每月可以多次签字　　　　　　　　B. 每月只能签字一次
   C. 已签字的凭证可以修改　　　　　　D. 已签字的凭证不能取消

2. 出纳员不能对( )进行出纳签字。
   A. 收款凭证　　B. 付款凭证　　C. 转账凭证　　D. 以上都不对

3. 下列关于记账的说法中,正确的是( )。
   A. 凭证未经审核,可以记账　　　　　B. 每月可以多次记账
   C. 记账之后,才能审核凭证　　　　　D. 以上都不对

4. 月末自动转账公式 JG ( ) 表示取( )。
   A. 借方发生额　　　　　　　　　　　B. 贷方发生额
   C. 对方科目计算结果　　　　　　　　D. 以上都不对

5. 下列关于结账的说法中,错误的是( )。
   A. 已经结账的月份不能再填制凭证　　B. 还有未记账的月份不能结账
   C. 每月对账正确后才能结账　　　　　D. 结账后可以继续填制凭证

二、多选题

1. 出纳员可以签字的凭证有( )。
   A. 收款凭证　　B. 付款凭证　　C. 转账凭证　　D. 以上都不对

2. 会计可以审核的凭证有( )。
   A. 收款凭证　　B. 付款凭证　　C. 转账凭证　　D. 以上都不对

3. 下列月末自动转账公式的描述,正确的有( )。
   A. QC ( ) 函数表示取科目的期初余额
   B. QM ( ) 函数表示取科目的期末余额
   C. FSJ ( ) 函数表示取科目的借方发生额
   D. FSD ( ) 函数表示取科目的贷方发生额

4. 下列关于总账结账的说法中,正确的有( )。
   A. 结账后当月不能再填制凭证
   B. 如果存在未记账凭证,系统不允许结账
   C. 结账必须按月连续进行,如果上月未结账,则本月不能结账
   D. 总账结账后,其他子系统才能结账

5. 总账结账不能完成的原因可能有（　　）。
A. 本月有未记账凭证　　　　　　　　B. 上月未结账
C. 购销存系统未结账　　　　　　　　D. 总账和明细账核对不符

三、判断题

1. 出纳签字通常由出纳人员进行操作。　　　　　　　　　　　　　　　（　　）
2. 制单和审核凭证不能由一人担任。　　　　　　　　　　　　　　　　（　　）
3. 在对账不正确的情况下，可以进行结账。　　　　　　　　　　　　　（　　）
4. 记账只能进行一次，并且只有在审核凭证之后才能记账。　　　　　　（　　）
5. 审核凭证可以采用单张审核，也可以采用成批审核。　　　　　　　　（　　）

项目六

财务报表

技能目标

1. 了解报表管理系统的基本功能；
2. 熟悉财务报表的格式设计；
3. 熟悉财务报表的公式设置；
4. 掌握财务报表模板的作用以及利用报表模板生成报表的方法；
5. 熟悉财务报表编制的基本流程；
6. 培养学生吃苦耐劳、团结协作的能力。

【知识准备】

编制财务报表的方法可以分为两种：自定义财务报表和利用报表模板编制报表。自定义财务报表分为报表的定义（报表的格式定义和公式定义）以及报表的数据处理两部分。财务报表的扩展名为"rep"，比如生成的资产负债表可以表示为"资产负债表.rep"，利润表可以表示为"利润表.rep"。

1. 自定义报表

（1）定义表尺寸。报表格式设计是在"格式"状态下进行的，报表格式设计决定了报表的外观和结构，自定义报表首先要定义报表尺寸，即定义一张表格包括几行几列，计算行数时应包括标题、表头、表体和表尾四部分。

（2）设置组合单元和报表的标题。一般报表的标题设在整个报表上面的居中位置，字体应比较醒目。

（3）设置表头并定义关键字。表头包括编报单位、日期和金额单位（元）。

（4）定义行高和列宽。表栏一般为表体中第一行各列，定义了报表的项目和反映的内容。行高和列宽能容纳输入的文字，能清晰完整地显示，看起来比较舒服。

（5）画表格线。为了财务报表看上去更加完整美观，需要用户自己设置表格线，报表界面中屏幕上虽然看似有表格线，但实际上表格线是不存在的，其只是为了方便用户做的一种显示方式。

（6）报表的格式状态和数据状态。系统将财务报表分为两种状态，一种是格式状态，在该状态下，可以设计报表的格式，例如表尺寸、行高、列宽、单元属性、组合单元、公式单元、关键字、可变区等。在格式状态下不能进行数据的录入、计算等操作，用户看到的是报表的格式。另一种是数据状态，可以管理报表的数据，如输入数据、增加或删除表页、汇总、合并报表等。在数据状态下，不能修改报表的格式；在数据状态下，用户看到的是报表的全部内容，包括格式和数据。

2. 利用报表模板编制报表

利用报表模板编制报表比自行设计报表更为方便和快捷，在进入财务报表系统时，其会自动让用户选择建立什么样的财务报表，有一般企业（2007年新会计准则）、2013小企业会计准则和2017新会计准则可供用户选择。

新建报表如图 6-1 所示。

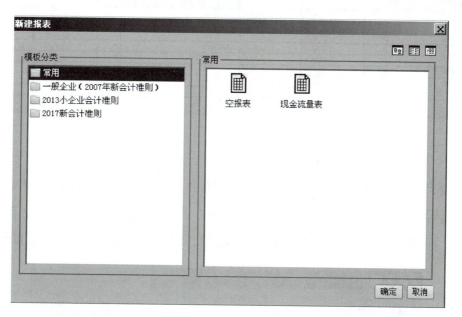

图 6-1

选择后系统会提供财务报表的模板供用户使用，非常简单和方便。另外，系统提供的报表模板也有格式状态和数据状态供用户使用。

任务 1　编制资产负债表

任务　编制资产负债表

任务 1.1

【操作步骤】

(1) 以操作员 "101" 的身份登录，日期选择 "2021-07-31"，单击 "财务报表"，在弹出的 "新建报表" 窗口中分别选择并单击 "2013 小企业会计准则" 和 "资产负债表"，然后单击 "确定" 按钮，如图 6-2 所示。

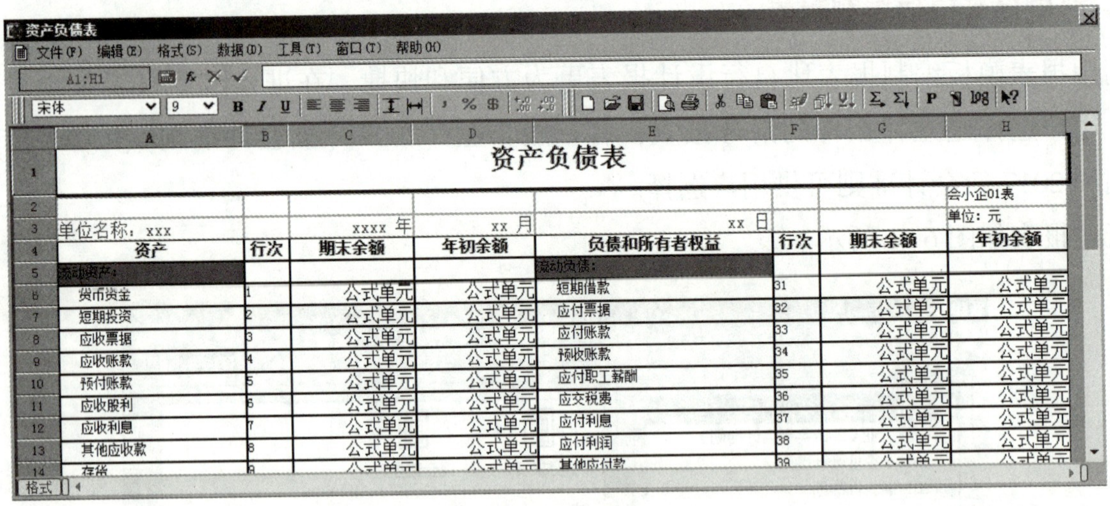

图 6-2

(2) 单击资产负债表左下角的 "格式"，系统会自动切换为 "数据" 状态，根据系统提示重算全表，然后单击 "数据" — "关键字" — "录入"，打开录入关键字窗口，输入单位名称和年月日，如图 6-3 所示，单击 "确定" 按钮，最后生成的资产负债表如图 6-4 所示。

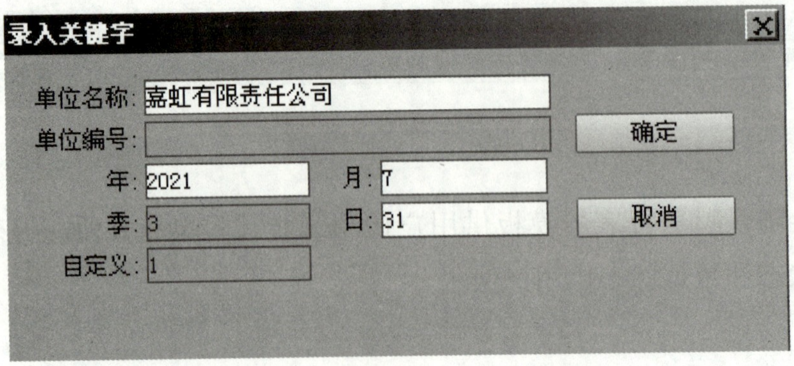

图 6-3

项目六 财务报表

图 6-4

任务 2　编制利润表

任务　编制利润表

【操作步骤】

任务 2.1

（1）以操作员"101"的身份登录，日期选择"2021-07-31"，单击"财务报表"，在弹出的"新建报表"窗口中分别选择并单击"2013 小企业会计准则"和"利润表"，然后单击"确定"按钮，如图 6-5 所示。

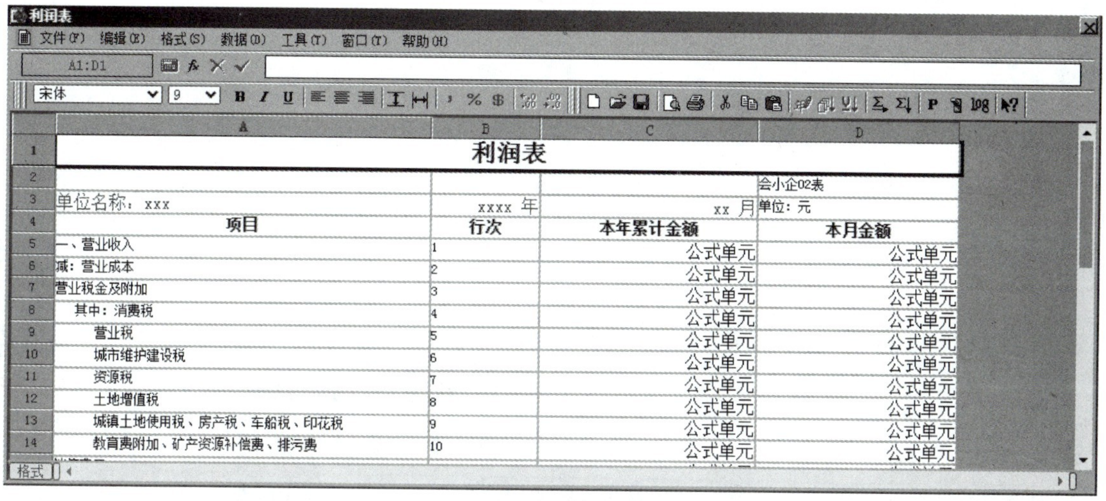

图 6-5

199

（2）单击利润表左下角的"格式"，系统会自动切换为"数据"状态，根据系统提示重算全表，单击"数据"—"关键字"—"录入"，打开录入关键字窗口，输入单位名称、年和月，如图6-6所示，单击"确定"按钮，最后系统生成的利润表如图6-7所示。

图 6-6

图 6-7

同步练习

一、单选题

1. 在报表数据状态下进行的是（　　）。

   A. 设置表尺寸　　　　　　　　　　B. 设置单元属性

   C. 设定组合单元　　　　　　　　　D. 输入关键字的值

2. 在财务报表管理系统中，取数操作通常是通过（　　）实现的。

   A. 函数　　　　　　　　　　　　　B. 关键字

同步练习答案

C. 直接输入 D. 单元交互

3. 在财务报表管理系统中，QM（ ）函数的含义是取（   ）的数据。

A. 期初余额 B. 期末余额

C. 借方发生额 D. 贷方发生额

4. 财务报表的默认扩展名为（   ）。

A. REP B. XLS

C. DOC D. TXT

5. 在财务报表管理系统中，QC（ ）函数的含义是取（   ）的数据。

A. 期初余额 B. 期末余额

C. 借方发生额 D. 贷方发生额

二、多选题

1. 在报表系统中，下列哪些操作是在数据状态下进行的？（   ）

A. 舍位平衡 B. 插入表页

C. 输入关键字 D. 整表重算

2. 报表系统中的关键字主要有（   ）。

A. 报表名称 B. 单位名称

C. 年份 D. 月份

3. 下面属于报表系统中格式状态的操作的项目有（   ）。

A. 表尺寸 B. 行高

C. 列宽 D. 区域划线

4. 在报表系统中的资产负债表中，可录入关键字的项目有（   ）。

A. 单位名称 B. 单位编号

C. 年份 D. 月份

5. 在报表系统的新建模板中，2013小企业会计准则的模板有（   ）。

A. 成本计算表 B. 利润表

C. 周转材料明细表 D. 资产负债表

三、判断题

1. 企业对外报送的财务报表主要有资产负债表、利润表和现金流量表。（   ）
2. 报表系统提供的常用的关键字有：报表名称、单位名称、年、月、日。（   ）
3. 在报表的格式状态下可以插入表页或追加表页。（   ）
4. 报表系统中，SQC（ ）函数表示某项目的期初余额。（   ）
5. 报表系统中，DFS（ ）函数表示某项目的对方发生额。（   ）

6. 报表系统中，报表有格式和数据两种状态。　　　　　　　　　　　　（　）
7. 报表系统中，小企业准则的资产负债表为会小企02表。　　　　　　（　）
8. 资产负债表中包含"库存现金"和"银行存款"两个项目。　　　　　（　）
9. 报表系统中，单元属性需要在报表的数据状态下设置。　　　　　　（　）
10. 单位编号是报表系统中的关键字。　　　　　　　　　　　　　　（　）